참된 그리스도인의 거룩하고 복된 일상

Pleasing God

하나님이 기뻐하시는 삶

― R. C. 스프로울 ―

생명의말씀사

PLEASING GOD
R. C. Sproul

Originally published in English under the title: Pleasing God
Copyright © 2012 by R. C. Sproul
David C Cook, 4050 Lee Vance View,
Colorado Springs, Colorado 80918 U.S.A.
All rights reserved.

Korean Edition published by Word of Life Press, Seoul 2015
Translated and published by permission.
Printed in Korea.

하나님이 기뻐하시는 삶

ⓒ 생명의말씀사 1996, 2015

1996년 5월 20일 1판 1쇄 발행
2015년 9월 10일 2판 1쇄 발행
2025년 8월 7일 6쇄 발행

펴낸이 | 김창영
펴낸곳 | 생명의말씀사

등록 | 1962. 1. 10. No.300-1962-1
주소 | 서울시 종로구 경희궁1길 6 (03176)
전화 | 02)738-6555(본사)·02)3159-7979(영업)
팩스 | 02)739-3824(본사)·080-022-8585(영업)

기획편집 | 임선회
디자인 | 조현진, 윤보람
인쇄 | 주손디앤피
제본 | 주손디앤피

ISBN 978-89-04-16517-9 (03230)

저작권자의 허락없이 이 책의 일부 또는 전체를
무단 복제, 전재, 발췌하면 저작권법에 의해 처벌을 받습니다.

하나님이
기뻐하시는
삶

시작하는 글

"이는 내 사랑하는 아들이요 내 기뻐하는 자라"(마 3:17).

신약성경에는 하나님께서 사람들이 들을 수 있는 음성으로 말씀하시는 경우가 세 번 나온다. 예수님이 세례 받으실 때(마 3:17; 막 1:11; 눅 3:22)와 변화하실 때(마 17:5; 막 9:7; 눅 9:35), 그리고 예루살렘에 당당히 입성하신 뒤 설교하신 직후다(요 12:28).

처음 두 경우는 하나님께서 자기 아들을 기뻐하신다고 선언하신다. 사람에게 자기가 행한 일을 하나님께서 기뻐하신다는 것보다 더 큰 인정이 어디 있겠는가! 그리스도인이라면 누구나 하나님을 기쁘시게 하려는 열정을 지녀야 한다. 하나님을 영화롭게 하는 것을 기뻐해야 한다. 우리 구주를 기쁘시게 하는 게 우리의 가장 큰 기쁨이다.

이와 같이 우리 모두는 하나님을 기쁘시게 하려는 인생 목표를 가지고 그리스도인으로서의 삶을 시작한다. 그러나 가다가 장애물들을 만난다. 우리를 기쁘게 하는 것과 하나님을 기쁘시게 하는 것 사이에서 갈등하는 순간을 만나는 것이다. 이런 장애물들을 헤쳐 나가기 위해서는 도움이 필요하다. 사실 그리스도인의 삶은 전쟁과도 같다. 전진하는 듯하다가 퇴보한다. 때로는 마귀가 아주 미끄러운 물질을 사용하여 우리를 넘어뜨림으로써 퇴보를 촉진시키는 것 같다. 그러나 우리가 미끄러운 탁자 위에서 꼼짝 못하고 두려워하는 어린아이 같은 존재일지라도 우리에게는 탁자 가장자리에 떡 버티고 두 팔로 우리를 안으려고 기다리시는 하늘 아버지가 계신다.

이 책은 그리스도인의 삶에 실제적인 교훈을 주기 위한 의도로 쓰였다. 무거운 학문서가 아니다. 오늘도 삶 속에서 전쟁을 벌이고 있는 그리스도인들을 도우려는 작은 손길이다.

R. C. Sproul

목차

시작하는 글 04

1. 인자한 은혜 08
시작-중생 | 지속-성화

2. 그리스도인의 삶의 목적 26
하나님 나라를 구함 | 의를 구함 | 미가의 요약 | 예수님의 요약 | 야고보의 요약

3. 바리새인의 누룩을 주의하라 40
경고 푯말과 개 | 바리새인들의 전도 생활 | 바리새인들의 십일조 생활 | 바리새인들의 기도 생활 | 바리새인들의 성경 읽기

4. 세상과의 전투 56
세상의 유혹 | 복음주의적 도피

5. 육신과의 전투 72
육체-몸인가 타락인가? | 육신의 생각 | 성령의 인도하심

6. 마귀 82
교만하고 강한 사탄 | 귀신에 대한 지나친 관심? | 유혹자와 아담 | 유혹자와 그리스도 | 불신앙의 시험

7. 참소자 사탄 102
사악한 고소자 | 유쾌한 깨달음

8. 두려움과 죄책감   112
변화에 대한 두려움 | 두려움과 죄책감의 연관성 | 실제적인 죄책

9. 참용서   126
고해와 프로테스탄티즘 | 사죄의 확신 | 용서와 망각 | 다른 사람을 용서함 | 어느 정도까지 용서해야 하는가 | 반복되는 죄 | 과거의 죄에 대한 용서

10. 육체와 성령 사이의 싸움   150
반율법주의적 견해 | 완전주의적 견해 | 성경적 견해

11. 교만   164
자율 추구 | 지위 추구 | 참된 겸손

12. 게으름   178
호모 파베르 | 게으름과 가난 | 일중독자 | 노동자의 단잠

13. 부정직   192
타인에게 하는 거짓말 | 타인에 관한 거짓말 | 선의의 거짓말 | 자신에게 하는 거짓말 | 하나님께 하는 거짓말

14. 교리와 삶   212
지도자들의 반란 | 교리의 필요성 | 의식, 신념, 양심

15. 포기하지 말라   228
수동적인 동시에 적극적으로 | 하나님 나라를 침노하는 사람들

1. 인자한 은혜

―――― R. C. 스프로울 ――――

"사람들이 보이나이다 나무 같은 것들이 걸어가는 것을 보나이다"
(막 8:24).

참 이상한 체험이다. '걸어가는 나무'는 정상인의 눈에 비치는 정상적인 모습이 아니다. 하지만 "나무 같은 것들이 걸어가는 것"을 본 사람은 변화 도중에 있는 사람이었다.

그는 아무것도 보지 못하는 단계와 모든 것을 투명하게 보는 단계 중간에 서 있었다. 앞으로 살펴보겠지만 그 사람은 하나님을 기쁘시게 하는 삶으로 진보해가는 모든 그리스도인의 모습을 단적으로 보여준다.

성경이 기록한 예수님의 기적적인 병 고침은 대개 즉각적이고 완벽하다. 일례로 예수님은 죽은 나사로를 부분적으로 살리시지 않았다. 팔이 말라붙은 사람이 단계적으로 회복되지 않았다. 다른 기적의 당사자들도 대부분 즉각 변화되었다.

그런데 마가복음에 기록된 이 일화는 조금 색다르다. 맹인이 두 단계에 걸쳐 병 고침을 받았기 때문이다.

"벳새다에 이르매 사람들이 맹인 한 사람을 데리고 예수께 나아와 손 대시기를 구하거늘 예수께서 맹인의 손을 붙잡으시고 마을 밖으로 데리고 나가사 눈에 침을 뱉으시며 그에게 안수하시고 무엇이 보이느냐 물으시니 쳐다보며 이르되 사람들이 보이나이다 나무 같은 것들이 걸어가는 것을 보나이다 하거늘 이에 그 눈에 다시 안수하시매 그가 주목하여 보더니 나아서 모든 것을 밝히 보는지라"(막 8:22-25).

이것은 그리스도의 권능과 은혜를 잘 말해주는 기사이며 인자한 은혜에 관한 이야기다.

예수께서 맹인의 딱한 처지를 동정한 사람들의 접견을 받으셨을 때 취하신 처음 행동은 그의 손을 붙드신 것이었다. 그런 다음 맹인의 손을 잡고 마을 밖으로 데리고 나가셨다.

그 정경을 잠시 상상해보자.

하나님의 아들이신 예수님께서는 분명히 그 자리에서 그 사람을 고쳐주실 능력이 있었다. 그런데도 예수님은 그와 함께 군중으로부터 벗어나신 후 그 사람 개인에게 사역하셨다. 덕분에 그는 호기심을 갖고 모여든 사람들의 구경거리가 되지 않았다.

우리 주님은 그 사람의 손을 잡고 친히 그를 인도하셨다. 아마도 그는 평생을 살아오면서 예수님처럼 든든한 인도자를 만난 적이 없었을 것이다. 주께서 손을 잡아주시니 떨어질 위험도 없고, 걸려 넘어질 염려도 없었다. 그리스도께서 그의 손을 잡고 안전한 길로 인도하셨다.

예수님의 인자하신 행위가 거기서 끝났다 해도 충분했을 것이다. 그것만으로도 맹인은 죽을 때까지 그 이야기를 했을 것이다. "주께서 나를 만지셨어요!"라고 외칠 수 있었을 것이고, 영원히 그때의 경험을 음미하며 살았을 것이다.

그러나 예수님은 그 정도로 끝내지 않으셨다. 그 맹인을 데리고 군중에게서 멀리 벗어나신 후 우리의 감정을 상하게 할 수 있는 일을 하셨다. 그의 눈에 침을 뱉으신 것이다.

생각해보자. 만약 누가 우리 눈에 침을 뱉는다면 그건 매우 치욕스럽고 저급한 모욕이 될 것이다. 하지만 예수님이 침을 뱉으신 목적은 그를 모욕하시려는 것이 아니라 그의 눈을 뜨게 하시기 위해서였다.

잠시 후 예수님은 그에게 무엇이 좀 보이느냐고 물으셨다. 그 순간 그의 눈에 사람들이 걸어 다니는 나무처럼 보이기 시작했다.

그는 맹인이 볼 수 없는 것을 보았다. 희미하고 침침했지만 볼 수 있었다. 바로 조금 전까지만 해도 그는 아무것도 볼 수 없었다. 눈이 있었지만 소용이 없었다. 날마다 어둠 속에서 살았다.

그런데 갑자기 움직이는 형상들을 식별할 수 있게 되었다. 빛과 어둠의 차이를 감지할 수 있었다. 그의 눈앞에 새로운 세상이 열렸다. 더 이상 다른 사람의 인도를 받을 필요가 없었다. 늘 가지고 다니던 지팡이를 내던져버렸다.

하지만 예수님은 거기에서 멈추지 않으시고 또 다시 그에게 손을 대셨다. 그러자 희미하던 물체들이 또렷하게 보이기 시작했다.

이제 그는 나무와 사람을 뚜렷이 구별할 수 있었다. 나무가 조용히 서 있고 가지들이 미풍에 부드럽게 흔들리는 것을 보았다. 사람들이 제대로 보였고, 그들이 걸어 다니는 모습도 보았다. 키 큰 사람과 키

작은 사람, 뚱뚱한 사람과 마른 사람, 젊은 사람과 늙은 사람을 식별할 수 있었다. 개인의 독특한 차이를 식별하게 하는 얼굴의 상세한 특징도 구분할 수 있었다.

아마도 전에는 얼굴을 만져보아야만 사람을 구분할 수 있었을 것이다. 손가락으로 상대방의 얼굴을 더듬어야만 그가 누군지를 알 수 있었을 것이다. 전에는 사람들의 독특한 음성도 알아채지 못했을 것이다. 그러나 이제는 호주머니에 손을 넣고도 자기 앞에 누가 서 있는지 알 수 있게 되었다.

그가 또렷하게 본 첫 얼굴은 그리스도의 얼굴이었다. 그에게는 그것이 지복직관, 곧 부활의 날에 그리스도의 얼굴을 보게 될, 복되고 영광스러운 일이었다.

성경이 더 자세하게 언급하지는 않지만, 아마도 그는 눈만 고침을 받지 않았을 것이다. 그리스도께서 어루만지심으로써 그는 마음까지 고침을 받았을 것이다. 돌처럼 딱딱하게 굳어 있던 마음이 영적 생명으로 새롭게 고동치는 육체의 심장으로 변화되었을 것이다.

이 병 고침 기사가 성경에 기록된 목적은 단지 그리스도인의 영적 거듭남을 비유로 가르치기 위해서만은 아니다.

물론 이 사건은 영적 거듭남을 배울 수 있는 비유 역할도 한다. 하지만 이것은 시공간 속에서 이루어진 실제 기적이요, 그리스도의 권능이 장엄하게 나타난 사건이었다.

성경은 인간의 타락한 상태를 묘사하기 위해 맹인을 은유로 사용한다.

말하자면 우리는 모두 맹인으로 태어난 사람들이며, 영적 흑암의 상태로 이 세상에 들어왔다. 하나님 나라에 관한 것들을 전혀 보지 못한다.

뿐만 아니라 본질상 우리 눈에는 비늘이 덮여 있다. 이 비늘이 너무 두꺼워서 우리는 사람을 걸어 다니는 나무 정도로도 식별하지 못한다. 때문에 하나님 나라를 보려면 우리에게 특별히 인자한 예수님의 은혜가 필요하다.

시작-중생

우리 눈을 여사 하나님께 속한 것들을 보게 하시는 은혜는 중생, 곧 영적 거듭남이다. 그것은 오직 하나님만 이루실 수 있는 일이다. 맹인이 아무리 마음을 먹는다 해도 자신의 힘으로는 앞을 볼 수 없는 것처럼 우리도 우리의 힘으로는 거듭날 수 없다. 다시 말해 맹인이 보겠다고 결심은 할 수 있지만 눈이 치료되기 전에는 결코 앞을 볼 수 없다.

중생은 여러 단계에 걸쳐 발생하는 것이 아니라 한순간에 이루어진다. 곧 성령께서 우리 영혼을 만져주시는 순간, 단번에 성취된다. 그러므로 중생은 전능하신 하나님의 즉각적인 권능으로 성취되는 주권적인 역사요, 철저히 효과적인 역사다. 오직 하나님만 무에서 유를, 죽음에서 생명을 이끌어내실 수 있다. 오직 그분만 인간의 영혼을 살리실 수 있다.

또한 하나님은 인간의 영혼을 살리실 때 즉각적으로 행하신다. 여기서 말하는 '즉각적으로'는 시간의 관점을 말하는 것이 아니다. 물론 시간적으로도 즉시 발생하지만 내 말은 하나님이 도구를 쓰시지 않고, 즉 2차적 원인을 쓰시지 않고 그 일을 직접 하신다는 뜻이다(라틴어 이메디아투스[immediatus, 이 단어에서 '즉각적인'이란 뜻의 영어 단어 'immediately'가 유래했다]는 '매개물 없이'라는 뜻이다).

나는 아플 때 두 가지 일을 한다. 즉 기도도 하고 약도 먹는다. 그리고 하나님께 약을 도구로 쓰셔서 병을 낫게 해달라고 구한다. 특별한 섭리로 의사의 손길을 인도하시고 치료해달라고 구한다.

하지만 예수님은 맹인을 고쳐주실 때 간접적인 도구를 전혀 쓰시지 않았다. 어떤 약도 필요가 없었다. 오직 말씀으로 낫게 하실 수 있었다.

사실 이 이야기에서 나는 한 가지가 잘 이해되지 않는다. 예수님은 왜 그 사람의 눈에 침을 뱉으셨을까? 왜 그 사람을 실로암 못에 가서 씻으라고 보내셨을까?

침이나 연못의 물에 능력이 있지 않았던 건 분명하다. 다른 경우에는 예수께서 그런 방법을 쓰시지 않았다. 예수님의 권능은 늘 직접적이고 즉각적이었다.

우리의 중생도 그와 같다. 우리도 세례의 물로 씻음받아야 한다. 하지만 세례식에 사용되는 물에 인간의 영혼을 구속할 만한 만병통치약이 담겨 있지는 않다. 그 물은 우리를 살게 하는 생명수를 가리키는 상징이다. 치유하시는 하나님의 권능을 가리키는 외적이고도 구체적인 상징이다.

다만 맹인을 고치신 이 이야기와 한 가지 비슷한 점이 있다. 우리는 하나님의 주권적인 권능으로 즉시 거듭나고 흑암의 왕국에서 즉시 빛의 왕국으로 옮겨가지만, 성화는 단계적으로 이루어진다.

다시 말해 우리는 거듭날 때 사람을 걷는 나무처럼 본다. 우리의 영적 시야가 뿌옇게 가려져 있다. 모든 게 또렷하게 보이지 않는다. 거듭난 뒤에도 계속 죄를 지음으로써 시야가 여전히 가려져 있다.

하지만 장차 우리 옛 본성의 모든 잔재가 소멸될 날이 올 것이다. 우리 마음이 매우 청결하게 되어 그리스도께서 말씀하신 복이 성취될 날이 올 것이다. "마음이 청결한 자는 복이 있나니 그들이 하나님을 볼 것임이요"(마 5:8). 이것이 바로 중세의 많은 그리스도인이 말한 '지복직관'이다.

우리의 영적 상태가 온전해지는 것을 '영화'라고 한다. 영화는 이 생에서 발생하지 않는다. 하늘에서 성화가 완성될 날을 기다릴 수밖에 없다.

우리가 전에는 볼 수 없었던 것을 보기는 하지만 여전히 희미한 유리를 통해서 본다. 따라서 이 땅을 살아가는 우리에게는 그리스도의 두 번째 만져주심이 필요하다. 아니, 셋째, 넷째, 다섯째로 이어지는 계속적인 만져주심이 필요하다. 비록 우리 눈에서 비늘이 벗겨졌지만 우리에게는 여전히 손을 잡고 인도해주시는 예수님이 필요하다.

중생은 여행의 시작과 같다. 성공과 실패가 병존하고 넘어지는 가운데 성장하는 여행이다. 진보가 고통스러울 정도로 더딜 때가 있지만 그래도 결국에는 진보한다. 그것은 더욱 또렷한 초점을 얻기 위한 운동이다. 더 큰 은혜를 향해 움직이는 은혜의 어루만짐과 더불어 시작하는 생명이다.

시시포스는 고대 그리스 신화에 나오는 비극적인 주인공이다. 그는 신들의 비위를 건드렸다는 이유로 끊임없이 반복해서 절망을 맛보는 영원한 지옥으로 떨어졌다.

그가 하는 일이란 크고 둥근 바위를 가파른 언덕 위로 밀어 올리는 것이다. 바위를 움직이려면 온 힘을 다 쏟아야 했다. 그렇게 바위를 언덕 꼭대기까지 밀고 올라가면 바위가 언덕 너머로 내려가 다시 바닥으로 굴러 떨어졌다. 그러면 시시포스는 바닥으로 뛰어 내려가 처음부터 다시 그 일을 시작했다. 그렇게 그의 임무는 영원히 끝나지 않았다. 궁극적인 목적을 이룰 방법이 없었다.

그리스도인들도 종종 자기가 시시포스 같다는 생각을 한다. 삶의 진보가 너무 더뎌서 제자리걸음을 하고, 손으로 바퀴를 굴리고, 곱절의 노력을 해도 아무런 입지를 얻지 못했다는 느낌이 든다.

저주받은 시시포스의 고통에서 가장 크게 부각되는 이미지는 원이다. 그 원은 시작도 끝도 없이 계속 돌고 돈다. 끝없는 반복만 있을 뿐이다.

삼손이 받은 형벌을 생각해보자.

그는 간교한 여인 들릴라에게 자신의 힘의 비결을 밝힌 뒤 블레셋 사람들에게 생포되었다. 그 후에 받은 처참한 수모가 성경에 다음과 같이 묘사되어 있다.

"블레셋 사람들이 그를 붙잡아 그의 눈을 빼고 끌고 가사에 내려가 놋줄로 매고 그에게 옥에서 맷돌을 돌리게 하였더라"(삿 16:21).

나는 블레셋 감옥에 있던 맷돌이 어떻게 생겼는지 모른다. 다만 삼손이 감옥에서 한 일을 묘사한 영화의 한 장면이 기억난다.

빅터 매츄어가 삼손의 역을 맡았던 영화다. 그 영화에서 내 뇌리를 찔렀던 장면은 두 눈을 잃은 삼손이 황소 대신 제분기의 바퀴를 돌리는 장면이다.

그는 황소처럼 지렛대를 메고 원을 그리며 제분기의 바퀴를 돌렸다. 바닥에는 그가 수없이 지나간 자국이 선명하게 패여 있었다. 눈은 움푹 파이고, 근육은 땀으로 범벅이 되어 끝없는 고통의 원을 돌고 또 돌았지만, 어디든 닿는 곳도 없이 오직 지나간 자국만 더욱 깊이 파이는 모습이었다.

그것이 바로 잔인한 원의 이미지다.

지속-성화

하지만 그리스도인의 삶은 그렇게 덧없는 것이 아니며 그러한 원을 그리지도 않는다.

그리스도인의 삶은 직선과 같다. 시작과 중간, 그리고 끝이 있다. 영광이라는 최종 목표가 있다. 태초에 만물을 지으시고 역사를 시작하신 하나님께서 자기 백성을 위한 목표를 두셨다.

우리는 그리스도로부터 "내 아버지께 복 받을 자들이여, 나아와 창세로부터 너희를 위하여 예비된 나라를 상속하라"는 말씀을 듣게 될 날을 향해 전진한다.

또한 우리는 사도 바울처럼 이렇게 말한다.

"형제들아 나는 아직 내가 잡은 줄로 여기지 아니하고 오직 한 일 즉 뒤에 있는 것은 잊어버리고 앞에 있는 것을 잡으려고 푯대를 향하여 그리스도 예수 안에서 하나님이 위에서 부르신 부름의 상을 위하여 달려가노라"(빌 3:13-14).

그리스도인의 삶에는 위로부터의 부르심이 있다. 위로 올라가기 위해 원을 그리는 사람은 없다. 우리는 어딘가를 향하는 직선 위에 있고, 그 직선은 앞으로 움직인다. 한마디로 그리스도인의 삶은 '전진'이다.

존 번연이 쓴 「천로역정」(The Pilgrim's Progress)의 주인공 '순례자'는 하늘을 향해 전진하는 그리스도인이다(제목을 직역하면 '순례자의 전진'이다). 그의 전진은 등에 진 무거운 짐 때문에 방해를 받고 더디게 움직인다. 시시각각 장애물도 만난다. 좌절의 늪을 만나 어쩔 줄 모를 때도 있다. '세속 현인'(Mr. Worldlywise) 같은 사람에게 미혹을 당하기도 한다.

존 번연은 이와 같이 모든 그리스도인의 길에 도사리고 있는 수많은 유혹과 함정을 이해했다. 동시에 그리스도인의 삶에 관한 두 가지 대단히 중요한 진리도 이해했다. 그것은 우리가 '순례자'라는 것과 '전진'한다는 사실이다.

순례자는 여행길에 있는 사람이다. 그는 여행을 하다가 낯선 곳들을 만난다. 하지만 그는 계속 움직인다. 구약시대의 히브리인들처럼 기독교의 순례자도 장막에서 산다. 반(半)유목민이다. 이 세상이 고향처럼 와 닿지 않기 때문에 이 세상에 완전히 정착하지 않는다. 그에게 인생이란 언제나 미개척지이며, 그가 마시는 물은 고여 있는 법이 없다. 믿음의 조상 아브라함처럼 그는 하나님께서 친히 세우시는 더 좋은 나라를 찾아간다.

이와 같이 하나님의 백성은 모두가 이 땅의 순례자들이고 체류자들이다. 그리스도인이라면 누구나 전진한다. 우리가 조용히 서 있는 것을 허락지 않으시는 내주하시는 성령에 의해 확실한 전진이 이루어진다.

사실 우리는 조용히 서 있으려고 한다. 심지어 뒷걸음질도 친다. 제자들처럼 두려움에 휩싸여 다락방에 모여 은신한다. 그러나 예수님은 우리가 다락방에 머물러 있도록 허락지 않으신다.

날 때부터 그리스도인인 사람은 아무도 없다. 본성으로는 다 육체다. 그리스도인의 삶은 성령의 중생 사역과 더불어 시작된다. 따라서 '거듭난 그리스도인'이란 말은 같은 개념이 중복된, 틀린 말이다. 일종의 신학적 말더듬이라 할 수 있다.

사람이 거듭나면 그리스도인이 된다. 다시 말해 그리스도인은 거듭난 사람이다. 거듭나지 않은 그리스도인도 없고 거듭난 비그리스도인도 없다. 거듭난다는 건 성령으로 말미암아 그리스도 안에서 태어난다는 뜻이다. 이것이 그리스도인으로 살아가기 위한 선결 조건이다. 이것은 곧 그리스도인의 삶의 기원이기도 하다.

누구나 똑같은 방식으로, 즉 거듭남으로써 그리스도인으로 살기 시작한다. 거듭남의 체험은 사람마다 다를 수 있지만 거듭났다는 사실은 모두에게 필요하다.

모든 그리스도인이 똑같은 짐을 지고 그리스도인의 행보를 시작하지 않는다는 사실을 이해하는 게 중요하다.

어떤 사람은 다섯 살에 거듭나고 어떤 사람은 열다섯 살에 거듭난다. 어떤 사람은 교육을 제대로 받으며 믿고, 어떤 사람은 분방하고 무절제하게 살다가 믿는다. 또 우리는 서로 다른 죄를 가지고 씨름을 한다. 그렇게 서로 다른 짐과 서로 공통된 짐을 지고 간다.

어떤 사람은 자기가 회심한 날짜와 시간을 안다. 그러나 어떤 사람은 언제 거듭났는지 정확히 기억하지 못한다.

빌리 그레이엄 목사는 모디카이 햄이 인도한 집회에 참석했다가 거기서 그리스도를 만났다고 말한다. 루스 그레이엄은 정확한 회심 날짜를 지적하지 못한다. 어떤 사람은 회심할 때 울고, 또 어떤 사람은 현기증이 날 정도로 기뻐한다.

그러므로 회심을 할 때 누구나 똑같은 징표를 나타낸다고 주장하는 것은 큰 잘못이다.

급작스럽고 극적인 회심을 체험하는 사람들은 회심한 날짜와 시간을 대지 못하는 사람들을 의심하는 경향이 있다. 덜 극적인 방법으로 회심한 사람들은 급작스런 체험을 말하는 사람들의 정서적인 안정을 의심하기도 한다.

이 점에서 우리는 성령의 역사를 존중해야 한다. 성령께서는 각기 다른 시간에 각기 다른 방법으로 사람들에게 역사하신다.

우리가 부딪치는 궁극적인 질문은 언제 회심했는지, 어디서 회심했는지가 아니다. 정말로 중요한 질문은 '우리가 정말로 회심했는가?' 이다. 우리가 만약 성령으로 말미암았다면 우리는 그리스도 안에 있는 모든 사람에게 형제요 자매들이다.

바울은 이렇게 말한다.

"너희는 그 은혜에 의하여 믿음으로 말미암아 구원을 받았으니 이것은 너희에게서 난 것이 아니요 하나님의 선물이라 행위에서 난 것이 아니니 이는 누구든지 자랑하지 못하게 함이라 우리는 그가 만드신 바라 그리스도 예수 안에서 선한 일을 위하여 지으심을 받은 자니 이 일은 하나님이 전에 예비하사 우리로 그 가운데서 행하게 하려 하심이니라"(엡 2:8-10).

이 점에서 우리는 다 똑같다. 우리 중 스스로 회심한 사람은 아무도 없다. 중생은 하나님이 하시는 일이며, 우리 모두는 그리스도의 작품이다.

그리스도는 훌륭한 장인(匠人)이시다. 그분의 솜씨는 무디지도 단조롭지도 않다. 그분은 우리를 구속하실 때 우리의 정체성이나 개성을 멸하시지 않는다. 그리스도인 모두가 그리스도께서 제작하신 독특한 예술작품이다. 구속된 각 사람은 문자 그대로 걸작이다.

또한 예수님은 공장의 조립라인으로 작품을 만드시지 않는다. 형체를 뜨고 모양을 다듬는 그분의 사역은 무한한 관심과 인내로 이루어진다.

언젠가 자동차 뒷유리 스티커에서 이런 문구를 읽은 적이 있다. '저를 참아주세요. 하나님은 아직 저를 완성하지 않으셨거든요.'

이 말처럼 성화는 일종의 점진적인 과정이다. 그러므로 즉각적인 성화를 약속하는 사람이 있다면 그에게서 도망쳐 생명을 보존하라. 그것은 유해한 교리이며, 기독교에서 좀처럼 사라지지 않는 완전주의다.

이 교리는 사람들 중 일부가 이미 이 세상에서 영적 완전을 성취했다고 가르친다. 그들은 성화라는 '은혜의 두 번째 사역', '두 번째 복'을 약속한다. 그와 같이 그릇된 교리를 말하는 교사들을 멀리해야 한다.

내가 즉각적인 성화를 가르치는 교사를 처음 만난 것은 예수를 믿은 지 몇 달 되지 않았을 때였다. 그는 내게 안수하며 내가 두 번째 복을 받게 해달라고 기도했다. 당시 나는 그 생각이 아주 마음에 들었다.

그 전까지 내가 그리스도인의 새로운 삶에서 체험한 가장 심각한 좌절은 내가 여전히 죄를 짓고 있다는 사실이었다. 한때는 큰 승리감을 맛보았지만, 어떤 시기에는 완악해진 것처럼 보였다.

그렇게 나는 일찌감치 육체와 성령 간에 전쟁이 계속된다는 것을 예리하게 의식했다. 그래서 그 설교자와 함께 즉각적인 성화를 이루어달라고 기도했다.

그러나 그런 일은 발생하지 않았다. 두 번째 복은 나를 피해 갔다.

청년 시절의 많은 시간을 철저히 의로워지는 데 노력하며 보냈던 마르틴 루터는 이렇게 말했다. "만약 누군가 수도생활을 통해서 천국에 들어갈 수 있다면 그는 바로 나일 것이다."

나 역시 만약 누군가 노력에 의해서 두 번째 복을 받을 수 있다고 한다면 그는 바로 나일 거라고 생각할 정도였다.

그 설교자는 내 죄가 죄에서 해방되려는 내 노력을 가로막고 있다고 확신했다. 내가 아주 몹쓸 악순환에 사로잡혀 있다는 것이다. 그는 사실상 내게 이렇게 말하고 있는 셈이었다. 내가 내 죄를 제거하려면 먼저 내 죄를 제거해야 한다고 말이다. 달리 말해 내가 두 번째 복을 받으려면 두 번째 복이 필요하다는 것이다.

결국 다른 목사가 이 절망적인 딜레마에서 빠져나올 수 있도록 도와주었다. 나는 곧 두 번째 복이 내게 즉각적인 성화를 일으켜준다는 개념이 경건의 허울을 쓴 사기라는 것을 깨달았다.

그 경험 이후 나는 자기가 완전한 성화를 얻었다고 주장하는 사람 두 명을 더 만났다.

그들의 신앙생활은 매우 비극적이었다. 자기가 이미 영적인 완전함을 성취했다고 확신하는 사람들은 다음의 두 가지 중 하나, 혹은 둘 다를 해야 한다. 즉 하나님의 율법을 자신이 복종할 수 있는 수준으로 대폭 낮추거나, 자신의 영적 행위에 대한 평가를 크게 부풀리는 것이다.

두 가지 모두 죽음으로 인도하는 길이다. 율법의 요구를 축소하는 것은 하나님의 거룩하심을 훼손하는 행위이며, 자신에 대한 평가를 자기기만의 수준으로 부풀리는 것은 극단적인 교만이다.

성화는 안수 같은 즉각적인 체험보다 훨씬 더 많은 것을 요구한다. 중생은 즉시 발생한다. 칭의도 즉시 발생한다.

그러나 성화는 죽는 날까지 이루어가야 할 전진이다. 허다한 장애물에 맞서 끈기 있게 싸워야 한다. 천로역정의 순례자가 경험했던 것처럼 숱한 함정이 깔려 있고 위험이 도사리고 있다. 그것은 영혼의 깊은 밤과 사망의 음침한 골짜기와 유혹의 광야를 지나야 하는 여행이다.

이 여행에는 한 가지 보증밖에 없다. 그것은 우리와 함께 가시고 우리를 건너편에 데려다주겠다고 하신 그리스도의 약속이다.

우리 주님은 시작하신 일을 반드시 끝내신다. 창조를 중간에 그만 두시지 않는다. 우리가 걸어다니는 나무 같은 것을 보는 상태로 내버려두지 않으신다.

뿐만 아니라 우리 주님은 우리의 안전과 성숙에 지대한 관심을 갖고 계신다.

우리가 하나님에 대해서, 그리고 하나님이 기뻐하시는 삶에 대해서 더욱 더 배우기 바라신다. 우리가 하나님을 기쁘시게 하는 데서 낙을 찾기 바라신다.

고침을 받은 맹인처럼 우리도 변화하여 시력을 되찾고 세상을 바라보고 그 안에서 행동하며 성장하기를 원하신다.

이런 의미에서 성장과 변화는 거룩하신 하나님을 기쁘시게 하는 법에 관해 더욱 더 배우는 것을 의미한다. 하나님을 기쁘시게 하는 데서 이루어가는 성장이 곧 성화이며, 그것이 바로 이 책을 쓴 목적이다.

2. 그리스도인의 삶의 목적

R. C. 스프로울

광신자에 대한 정의를 읽은 적이 있다. '광신자란 목표 지점을 잃어버린 채 그 목표에 도달하기 위해 곱절의 노력을 기울이는 사람이다.' 광신자는 열정적으로 이곳저곳을 다니지만 어디에도 도달하지 못한다. 그는 골대 없이 경기를 벌이는 농구 선수, 네트 없는 코트에서 경기를 벌이는 테니스 선수, 잔디밭 없이 경기를 벌이는 골프 선수와 같다.

그러므로 그리스도인이 성화, 즉 하나님을 기쁘시게 하는 법을 배우는 데서 진보하려면 자기의 목표가 무엇인지 분명하게 알아야 한다. 성경은 그 목표가 무엇인지 명확하게 가르치지만 사람들은 그것을 자주 잊는다.

그렇다면 그 목표는 무엇인가? 예수님은 이렇게 말씀하셨다. "너희는 먼저 그의 나라와 그의 의를 구하라 그리하면 이 모든 것을 너희에게 더하시리라"(마 6:33).

이 말씀에 담긴 요소들을 살펴보자.

첫째, 예수님은 구하라고 하셨다. 무언가를 구하려면 노력이 필요하다. 다시 말해 부지런히 찾아야 한다. 잃은 동전을 찾으려고 빗자루로 집안 구석구석을 쓰는 여자처럼 말이다. 마음을 놓고 있으면 구하는 것을 성취할 수 없다. 노력해야 한다. 집요하게 노력해야 한다.

등을 벽에 기대고 앉아 우리가 구하는 것을 하나님께서 우리 무릎 위에 떨어뜨려 주시기를 기다려서는 안 된다.

그리스 수학자 아르키메데스의 이야기를 잘 알 것이다. 그는 목욕을 하다가 그 유명한 부력의 원리를 발견했다. 그리고 이렇게 소리쳤다. "유레카! 드디어 발견했다!" 또한 우리는 아이작 뉴턴이 사과나무 밑에 앉아 있는 동안 사과가 그의 머리로 떨어진 것을 보고 중력의 법칙을 발견했다는 일화도 알고 있다.

아르키메데스와 뉴턴에게 임한 이 예지의 섬광은 오랜 세월에 걸친 근면한 연구의 절정이었지 우연히 찾아온 행운이 아니었다. 토머스 에디슨도 전구에 적합한 필라멘트를 발견하기까지 수천 가지의 물질을 가지고 실험을 했다. 그의 업적도 행운이 아닌 노력의 결실이었다.

하나님을 기쁘시게 하는 법을 배우는 일도 마찬가지다. 우리는 하나님 나라와 하나님의 의를 구해야 한다. 예수께서 이런 것을 먼저 구해야 한다고 말씀하셨다.

여기서 먼저라는 뜻으로 쓰인 단어는 헬라어 '프로토스'(protos)로, 단순히 여러 가지 것들 중에서 맨 앞의 것이라는 뜻이 아니다. 그보다는 '우선권'이라는 의미가 강하다. 따라서 그 말씀을 좀 더 정확히 번역하면 "너희는 먼저, 즉 무엇보다 우선적으로 하나님의 나라와 그의 의를 구하라."가 될 것이다.

그 나라를 구하자. 그 의를 구하자. 이것이 그리스도인의 삶에 우선적인 일이다.

하나님 나라를 구함

하나님 나라를 구한다는 게 무슨 뜻일까? 기독교 안에는 영적인 추구에 대한 많은 혼동이 있다. 나는 그리스도인들로부터 "내 친구는 그리스도인이 아니에요. 하지만 길을 찾고 있어요."라는 말을 자주 듣는다.

비그리스도인이 찾고 있는 게 무엇일까? 우리가 아는 한 가지는 그가 찾지 않고 있다는 것이다. 그는 하나님을 찾고 있지 않다. 바울은 "하나님을 찾는 자도 없고"(롬 3:11)라고 말한다. 불신자는 결코, 결코, 결코 하나님을 찾지 않는다. 불신자는 하나님을 피해 다니는 도망자다. 사람의 본성은 하나님께로부터 도망치고 숨는 것이다. 예수님은 길 잃은 자들을 찾아 구원하러 오셨다. 찾으시는 분이다. 하지만 우리는 그저 도망칠 뿐이다. 죄를 지은 상태에서 복잡한 인생사에 대한 해답을 구할 수는 있어도 하나님을 구하지는 않는다.

그런데 왜 불신자들이 하나님을 구하고 있는 것처럼 보일 때가 많을까? 그들을 가만히 관찰해보자. 그들은 행복, 마음의 평정, 죄책감으로부터의 해방, 의미 있는 생활, 그리고 우리가 오직 하나님께서만 주실 수 있다고 믿는 그 밖의 많은 것들을 구하고 있다. 그러면서도 하나님을 구하지는 않는다. 그저 하나님께로부터 오는 유익만을 구한다. 바로 이것이 자연인의 죄다. 정작 하나님은 제외시켜 놓은 채 하나님께로부터 오는 유익만을 바라는 것이다.

내가 이 점을 호되게 비판하는 이유는 이렇다. 하나님을 구하는 것은 그리스도인의 필생의 사업이다. 이것은 회심과 더불어 시작된다. 회심할 때 우리는 세상을 향해 "찾았다"고 선언하지만 역설적이게도 하나님을 찾는 일에 있어서는 시작에 불과하다. 거듭 말하지만 하나님을 찾는 일은 평생 추구해야 하는 일이다. 이것을 가리켜 조나단 에드워즈는 "그리스도인의 삶의 주된 사업"이라 불렀다.

하나님의 나라를 구하는 것은 주기도의 중요한 내용일 뿐 아니라 예수님의 마지막 계명을 이행하는 것이기도 하다. "나라가 임하시오며 뜻이 하늘에서 이루어진 것같이 땅에서도 이루어지이다"(마 6:10).

제자들이 예수께 했던 마지막 질문은 "주께서 이스라엘 나라를 회복하심이 이때니이까"(행 1:6)였다. 예수께서 이 땅을 떠나 영광스럽게 승천하시기 바로 직전에 제자들은 집요하게 한 가지 질문을 했다. 바로 나라에 관한 질문이었다. 예수님은 부드러운 책망을 담아 그 질문에 대답하신 뒤 이렇게 명령하셨다. "너희가…… 내 증인이 되리라"(행 1:8).

우리는 하나님 나라의 증인이 됨으로써 하나님 나라를 구하라는 부르심을 받는다. 그러므로 하나님 나라가 어떤 나라인지를 세상에 보여주기를 추구해야 한다. 나라가 하늘에서처럼 땅에 임한다는 것은 그 왕의 자녀들이 지금 여기서 왕의 뜻을 행하는 것을 뜻한다. 우리는 하나님이 세우신 왕을 섬김으로써 하나님 나라를 증거한다. 이것이 하나님의 뜻이다. 이것이 하나님을 기쁘시게 하는 것이다. 예수께서 나라가 임하는 것과 하나님의 뜻을 행하는 것을 연관 지으신 이유가 있다. "나라가 임하시오며 뜻이…… 이루어지이다"는 하나로 이어진다. 쉽게 말해 동전의 양면이다. 그 나라가 땅에 임하는 것은 하나님의 뜻이 땅에서 시행될 때를 말한다.

따라서 결론은 다음과 같다. 그리스도인의 큰 인생 목표는 왕이신 하나님께 순종하는 것이다. 그분은 우리가 순종할 때 기뻐하신다.

의를 구함

하나님 나라를 구하는 것은 하나님의 의를 구하는 것과 관계가 있다. 그것은 예수께서 친히 나타내 보이신 의와 같은 종류의 의다. 예수님의 생애는 의의 불길이었다. 그분은 흠 없는 어린양이요, 아버지께서 기뻐하시는 아들이었다. 성경은 아버지의 집을 사모하는 열심이 그분을 삼켰다고 말한다(요 2:17). 그분의 양식과 음료는 아버지의 뜻을 행하는 것이었다(요 4:34). 예수님은 성육신하신 하나님이셨을 뿐 아니라 지극히 의로운 사람이기도 하셨다. 우리는 그분의 신성을 모방할 수 없지만 하나님께 순종하려는 올곧은 의지, 하나님을 기쁘시게 하려는 열의는 모방해야 한다.

처음 그리스도인이 되었을 때 나는 기독교 공동체의 우선순위에 관해 들었다. 그들은 내게 매일 경건의 시간을 갖고, 시간을 내서 성경을 읽고 기도를 하라고 주문했다. 교회에 출석해야 한다고도 했다. 욕하지 않고 술 마시지 않고 담배도 피우지 않는 등 행위로 입증되는 정도의 경건 생활도 요청받았다. 하지만 당시에는 성경이 가르치는 의가 이런 것들을 훨씬 넘어선다는 것을 몰랐다. 대부분의 초신자들처럼 나는 그런 것들을 강조하는 법만 배웠다. 사적인 편지를 쓸 때도 언어 형태가 새롭게 바뀌었다. 신약성경 서신서들의 어투를 사용하기 시작했다. 매일 쓰는 말에도 기독교 용어를 쓰는 법을 터득했다. 누구에게 무엇을 '말하지' 않고 '나누었다.' '행운'은 모두 '복'이었고, 그렇게 영적인 상투어를 쓰지 않고는 한 문장도 말할 수 없었다.

그러나 곧 그리스도인의 삶에는 매일의 경건과 신앙적 단어를 사용하는 것 이상의 것이 있다는 사실을 발견했다. 하나님께서 그 이상의 것을 원하신다는 것을 깨달았다. 하나님은 내 믿음과 순종이 자라기를, 즉 젖을 먹는 데서 고기를 먹는 데로 자라기를 바라셨다. 또한 나는 그리스도인들이 사용하는 상투어가 비그리스도인이나 그리스도인 모두에게 무의미한 대화 형식이라는 것도 발견했다. 그런 말을 쓰는 동안 내가 참경건을 찾기보다는 특정 그룹의 용어를 사용하는 데 더욱 관심을 갖고 있다는 것도 발견했다.

내 잘못은 이러했다. 나는 영성과 의를 혼동하고 있었다. 아울러 나만 그런 게 아니라는 것을 발견했다. 나는 수단과 목적을 혼동하는 대중 속에 갇혀 있었다. 영성은 의의 값싼 대체물이 될 소지가 충분했다.

수년간 나는 청년들로부터 어떻게 하면 더 영적이고 더 경건해질 수 있냐는 질문을 받았다. 반면 "어떻게 하면 의로워질 수 있는지 가르쳐주십시오."라고 말하는 진실한 학생은 거의 만나보지 못했다. 그래서 나는 사람들이 왜 영적으로 살고 싶어 하는지, 영성의 목적이 무엇인지, 경건의 용도는 무엇인지 궁금했다.

영성과 경건은 그 자체에 목적이 있지 않다. 더 높은 목표에 이르기 위한 수단이 아니라면 무가치한 것들이다. 그 목표는 반드시 영성을 넘어 의에 이르러야 한다.

물론 영적 훈련은 의롭게 되는 데 절대적으로 필요하다. 성경공부, 기도, 교회 출석, 전도는 그리스도인이 장성하는 데 필수적인 요소들이다. 하지만 그것이 최종 목적이 될 수는 없다. 영성 없이 의에 도달할 수는 없지만 의에 도달하지 않은 채 표면상으로만 얼마든지 '영적'일 수 있다.

예수님은 기도의 사람이었다. 예수님의 기도생활은 뜨겁고 권능이 있었다. 예수님은 방대한 성경 지식을 갖춘 분이었고, 하나님의 말씀을 통달한 분이었다. 매우 영적인 분이었다. 그러나 예수님의 영성은 궁극적으로 권위 있는 의로써 그 모습을 나타냈다. 따라서 예수님의 영성은 단순히 표면적이지 않았다. 내면의 삶이 외면의 순종, 심지어 죽음도 마다하지 않은 순종으로 나타났다.

그렇다면 의는 무엇인가? 아주 단순하게 대답하자면 이렇다. 의는 하나님 보시기에 옳은 것을 행하는 것이다. 이것은 표면 아래 자리하고 있는 매우 복잡한 내용에 대한 단순한 정의다. 따라서 의롭게 되려면 하나님이 요구하시는 모든 것을 행해야 한다. 진정한 의에 대한 요구는 너무 크고 많아서 이 세상에 사는 그 누구도 온전한 의를 성취할 수 없다. 다시 말해 의란 하나님의 모든 뜻을 따르는 것이다.

성경이 참된 의를 간단히 요약하는 경우들이 있다. 하나님께서 방대한 계명들을 참된 의의 정수를 담은 몇 가지 계명으로 줄여서 말씀하시는 경우들이다. 그렇게 요약된 몇 가지 사례를 살펴보자.

미가의 요약

선지자 미가의 책에서 우리는 거룩한 삶에 대한 다음과 같은 진술을 읽는다.

"사람아 주께서 선한 것이 무엇임을 네게 보이셨나니 여호와께서 네게 구하시는 것은 오직 정의를 행하며 인자를 사랑하며 겸손하게 네 하나님과 함께 행하는 것이 아니냐"(미 6:8).

정의, 인자(성실한 사랑), 그리고 겸손, 이 세 가지는 성취하기가 쉽지 않다. 그러나 하나님은 우리가 정의와 자비 같은 비중 있는 문제에 관심을 갖기 바라신다. 그분은 겸손한 성도와 교제하는 것을 즐거워하신다. 겸손한 자들에게 은혜를 더하시고 교만한 자들은 쫓아내시겠다고 약속하신다.

얼마 전 엘스버그 문서 사건에 연루되어 옥고를 치른 찰스 콜슨이 사망했다. 그는 워터게이트 추문과는 무관했으나 리처드 닉슨의 몰락을 몰고 온 문서 사건에 연루된 사람이다. 감옥에서 석방된 뒤 콜슨은 대학 교정에서 연설을 하게 되었고, 그때 반(反)닉슨파 학생들에게 무자비한 야유를 받았다. 심지어 연설 도중 한 학생이 다음과 같이 소리치는 바람에 연설이 중단되었다. "어이, 콜슨 씨, 왜 닉슨에게 충성을 다한 거요?"

콜슨은 연설을 멈추고 야유하는 사람을 쳐다보았다. 그리고 "그는 내 친구였기 때문입니다."라고 대답했다. 그 말을 들은 청중은 박수를 치며 환호했다. 청중은 워터게이트 추문과 그것에 관련된 모든 사람을 경멸했지만 우정 때문에 감옥에 들어가는 것도 마다하지 않은 신의만큼은 높이 평가했던 것이다.

미가는 "인자"라는 말을 할 때 "성실한 사랑"이란 뜻의 히브리어를 사용한다. 그것은 하나님이 자기 자녀들에게 품으신 사랑, 곧 견고한 사랑이요 인내하는 사랑, 항구적인 사랑이다. 하나님은 자녀들이 하는 모든 일을 인정하시지는 않지만 항상 그들 곁에 계신다. 그것이 그리스도인이 사랑에 대해 생각할 때 가장 우선적으로 염두에 두어야 할 사항이다.

내 자녀들은 내 사랑을 얻기 위해 노력하지 않는다. 나를 실망시킬 수 있고, 좌절에 빠뜨릴 수도 있고, 화나게도 할 수 있지만, 그런다고 해서 내 사랑이 없어지는 건 아니다. 예수님의 비유에 나오는 탕자의 아버지도 아들에 대한 사랑을 끝까지 버리지 않았다. 나 역시 아이들이 하는 일을 항상 인정하는 건 아니지만 그들에게 끊임없이 사랑을 준다. 이와 같이 오래 참으면서 사랑한다는 건 우리가 하나님을 실망시킬 때조차 하나님이 우리를 사랑하시는 모습을 닮는 것이다.

성실, 인자, 이런 덕성들이 그리스도인으로 하여금 엄존하는 자신의 죄에도 불구하고 계속해서 앞으로 나아갈 수 있게 한다. 성실한 친구가 되려면 맹목적으로 수용만 해서는 안 된다. 인내와 오랜 고통과 온유함이 필요하다. 이런 것들은 성령께로부터 흘러나오는 열매다. 먼저 그리스도께서 이런 성실함을 우리에게 보여주시기 때문에 우리도 같은 태도로 다른 사람들을 대할 마음이 생기는 것이다.

예수님의 요약

예수님은 매우 단순한 말로 그리스도인의 삶을 요약하셨다. "남에게 대접을 받고자 하는 대로 너희도 남을 대접하라"(눅 6:31). 이 말씀을 가리켜 우리는 다이아몬드와 루비보다 더 귀한 황금과 같은 율법이란 뜻으로 '황금률'이라 부른다. 황금률은 어린아이들도 암송할 수 있다. 하지만 그것을 실생활에서 실천하기란 결코 쉬운 일이 아니다.

나는 대단치 않은 문제를 가지고 시시콜콜 비판하는 것을 싫어한다. 꼬치꼬치 흠을 잡는 자들을 좋아하지 않는다. 비판을 일삼는 사람들과 즐겁게 지내기란 어렵다. 그런 사람들이 나를 비판하는 것을 막을 수는 없지만 그들에게서 배울 수는 있다. 나를 헐뜯는 사람들에게서 나는 무엇이 해로운지를 배운다. 내가 해를 입은 방식으로 나도 남들에게 해를 입힐지 모를 일이다. 그렇게 다른 사람에게 해서는 안 될 일을 배울 수 있다.

비판을 받을 때는 대개 같은 방법으로 대응할 뿐 인자한 태도를 보이는 경우가 거의 없다. 바로 이 면에서 황금률이 삶을 건드린다. 바로 이러한 면을 두고 예수님은 악을 악으로 갚지 말라고 말씀하셨다. 남에게 대접받고 싶은 대로 남을 대접하는 것은 인자, 곧 친절의 문제다. 그것은 사려 깊고 인정이 있어야 하는 일이다. 하지만 단순히 공손하기만 해서는 실행할 수 없다. 그것은 옳은 일을 행하는 것이며, 하나님을 기쁘시게 하는 것이다.

의롭다는 건 올바로 산다는 뜻이고, 사람들을 올바로 대하며, 개인적으로 정직하게 산다는 뜻이다. 의로운 사람은 우리가 신뢰할 수 있는 사람이다. 그의 정직은 일관성이 있다. 겉치레가 아니다. 의로운 사람은 도덕을 내세우지 않은 채 도덕적으로 산다. 경건을 내세우지 않는데 경건하다. 다른 사람의 감정을 해칠까봐 조심한다. 사랑의 하나님을 기쁘시게 하려는 마음이 크기 때문에 사람들을 올바로 대하고 싶어 한다.

야고보의 요약

야고보서의 저자는 예수님의 친동생으로 추정된다. 초대교회는 그를 가리켜 '의인 야고보'라고 했다. 그가 참된 의에 대해 요약해 놓은 말을 보고 어떤 그리스도인들은 충격을 받을지 모른다.

"하나님 아버지 앞에서 정결하고 더러움이 없는 경건은 곧 고아와 과부를 그 환난 중에 돌보고 또 자기를 지켜 세속에 물들지 아니하는 그것이니라"(약 1:27).

참신앙이란 고아와 과부를 돌아보는 것이라는 뜻이다. 왜 야고보가 이 말을 했을까? 그는 참신앙을 사람 지향적인 것으로 이해했다. 아무리 기도를 해도 사람들에게 관심을 갖지 않는다면 소용이 없다. 고대 사회에서 고아와 과부는 아무 의지할 데가 없었던 사람들이다. 먹고 사는 데 쪼들리고, 법의 보호를 받을 길이 막연하고, 무엇보다 고독 때문에 정서적으로 큰 고통을 받았던 사람들이다.

오늘날의 사회는 고아와 과부를 재정적으로 지원하는 정책을 시행하고 있다. 미국 사회에서는 고아와 과부가 어느 정도 법적 권리를 보장받는다. 그러나 아무리 훌륭한 보장 제도가 있다 해도 과부나 고아가 되는 것은 여전히 유쾌하지 못한 일이다. 그들을 포함하여 고독하고 의지할 데 없는 많은 사람이 사랑의 손길을 필요로 한다. 사회 제도는 변할 수 있어도 곤궁에 처한 사람들에게 온정을 베풀어야 하는 필요는 예나 지금이나 여전하다. 온정이 없는 경건은 거짓이다. 그것은 황금률을 쓸모없게 만든다.

사랑의 하나님은 우리가 황금률에 순종할 때 기뻐하신다. 우리가 정의와 자비를 추구할 때, 사랑을 성실하게 실천할 때 기뻐하신다. 우리가 남에게 대접받고자 하는 대로 남을 대접할 때 기뻐하신다. 소외되고 짓밟히는 사람들에게 도움의 손길을 내밀 때 기뻐하신다. 성경이 의로운 생활의 규율로 가르치는 이런 것들은 술을 마시지 않고 담배를 피우지 않고 욕설을 삼가는 '영적' 생활에 대한 관심보다 훨씬 더 중요하다.

의에는 규율이 있다. 하지만 그 규율은 규율 이상의 의미를 지닌

다. 만약 사람들을 돌아보지 않고 규율에만 관심을 쏟는다면 의의 목표를 잃은 셈이다. 성경이 가르치는 규율은 하나님이 사람을 돌아보신다는 바로 그 이유 때문에 하나님께로부터 나온다.

우리가 의로워지려면 규율이 필요하다. 하지만 그것은 올바른 규율이어야 한다. 하나님으로부터 나온 규율이어야 한다. 그 밖의 다른 규율을 받아들여서는 안 된다. 하나님의 규율에서 우리는 의로운 생활로 하나님을 기쁘시게 하는 적합한 규율을 발견한다. 그리고 그 규율들을 곁에 두고 살 때 우리는 목표 잃은 광신자가 아니라 그 왕의 참자녀가 된다.

3. 바리새인의 누룩을 주의하라

R. C. 스프로울

"주의!" 이것은 불길한 경고다. "캐사르, 3월 15일을 주의하시오!"라는 말은 캐사르를 뼛속까지 떨게 한다. 이것은 선원 이스마엘이 흰 고래 모비딕을 잡으려고 광적으로 헤매고 다니는 에이해브에게 합류하여 피쿼드호 선원이 되기 전 선창가 예언자에게서 들은 경고다.

'개 조심!' 이란 간단한 글귀만으로도 도둑의 출입을 넉넉히 막을 수 있다. 이처럼 '주의하라' 는 단어는 가던 길을 멈추게 하는 푯말이자 우리를 금방이라도 죽이거나 해칠 수 있는 위협을 떠올리게 하는 표식이다.

예수께서 제자들이 큰 위험에 빠지지 않도록 정신을 바짝 차리게 하실 때 사용하신 것도 바로 이 단어다. "바리새인들의 누룩 곧 외식을 주의하라"(눅 12:1).

예수님은 교회를 위해 푯말을 세워두셨다. 그것은 곧 방심하다가 삼켜버릴 수도 있는 독약을 주의하라는 하나님의 당부다. 다시 말해 그분은 양의 가죽을 입고 오는 이리들, '영성' 이라는 옷을 입고 오는 탐욕스런 살인자들을 경고하셨다.

그 위험은 극소량으로도 사람을 죽일 수 있다는 데 있다. 겨우 고만큼으로 무슨 탈이 날까 싶지만 그 효력은 매우 크다. "적은 누룩이 온 덩어리에 퍼지는 것을 알지 못하느냐"(고전 5:6).

이와 같은 예수님의 말씀은 그리스도인의 삶 전체를 파멸시킬 수 있는 전염성 강한 요소를 허용하지 말라는 경고다. 그것은 아주 작은 데서 시작한다. 또한 그 경고는 또 다른 경고와 연결된다. "내가 너희에게 이르노니 너희 의가 서기관과 바리새인보다 더 낫지 못하면 결코 천국에 들어가지 못하리라"(마 5:20).

'개 조심'이란 푯말을 읽지 못하면 다리를 물리고 바지를 찢길 수 있다. 그러나 예수님의 이 경고는 피를 약간 흘리거나 바지가 찢기는 정도를 훨씬 넘어서는 위험을 내포한다. 즉 하나님 나라를 잃을 수도 있다는 경고다.

그렇다면 이렇게 무서운 바리새인의 누룩이 무엇일까? 그것은 바로 '위선'(외식)과 '거짓 의'를 말한다. 쉽게 말해 실제로는 그렇지 않은데 의로운 척하는 누룩이다.

"너희 의가⋯⋯ 더 낫지 못하면⋯⋯"(마 5:20). 이 구절은 천국에 들어가기 위한 필요조건을 말해준다. 여기서 예수님은 우리 의가 단연코 서기관들과 바리새인들의 의를 능가해야 하고, 그렇지 않으면 그 나라를 잃게 될 것이라고 경고하신다.

이 경고는 예수께서 선포하신 경고들 가운데 매우 소홀히 취급되는 것들 중 하나다. 오늘날의 그리스도인들은 그 경고 안에서 진정한 위협을 발견하지 못한 채 가볍게 듣고 넘긴다. 걱정할 필요가 있냐는 식이다.

우리는 바리새인들을 생각할 때 그리스도를 죽이려고 줄기차게 음모를 꾸민 파렴치하고 패역하고 부패한 집단으로 보는 경향이 있다.

그들보다 더 악마 같을 수는 없다고 생각한다. 그리스도를 사랑하는 사람에게는 예수님의 대적들보다 의롭게 되는 것이 작은 일일 것이다. 따라서 아무리 연약해 보이는 그리스도인이라도 부패의 상징인 바리새인들보다 의로워지는 것은 아무 문제가 아닌 것처럼 보일 것이다.

그래서 예수님의 경고 앞에서 우리는 쉽게 대답하고 넘어갈 수 있다. "뭐 걱정할 게 있나요?"라고 물을 수도 있다. 우리 그리스도인들은 믿음으로 의롭다 하심을 받았다. 믿음으로 그리스도의 의를 받는다. 분명히 그리스도의 의는 바리새인들의 의를 능가한다. 그토록 분명하게 우리가 그리스도의 의를 갖고 있는데 걱정할 필요가 있을까?

간단하게 대답하자면 걱정할 게 없다! 틀림없는 사실은, 만약 우리가 진정으로 그리스도를 믿는다면 우리는 그분의 의를 소유하고 있다는 것이다.

하나님은 우리가 의로운 자들이라고 선언하셨다. 때문에 하나님 나라가 우리의 것이다. 그리스도의 의를 소유한 모든 사람이 하나님 나라를 유업으로 받을 것이라는 사실보다 더 확실한 건 없다. 그리스도의 의보다 더 필요한 것도 존재할 수 없다. 어떠한 의도 그리스도인이 믿음으로 옷 입은 의를 능가할 수 없다. 이런 의미에서 '그분이 내게 필요한 전부입니다'(He's all I need)라는 찬송시를 지은 작가의 말은 옳다.

그러나 우리에겐 여전히 질문들이 남는다. '내가 그리스도의 구원의 의를 갖고 있다는 것을 어떻게 알 수 있을까?' '사실은 내 믿음이

가짜인데 진짜 믿음을 가지고 있다고 착각할 수도 있지 않은가?' 이러한 질문들 앞에서는 스스로 그리스도를 믿는다고 주장하는 것이 그가 구원의 믿음을 가지고 있다는 보증이 되지 못한다.

우리는 우리가 내놓는 열매로 구원의 믿음을 증명한다. 우리는 하나님이 그리스도께 참으로 영광 돌리는 사람들을 기뻐하신다는 것을 안다.

사람들이 그리스도의 이름을 남발하면서도 실제 생활에 영향을 줄 만큼 의뢰하지 않을 때 우리는 하나님께서 기뻐하시지 않는다는 것을 확실히 느낄 수 있다. 이것이 바로 예수님의 경고에서 두려운 부분이다.

경고 푯말과 개

실제로는 개를 키우지 않으면서 대문에 '개 조심'이라는 푯말을 붙이는 사람들이 있다. 개가 없는데도 개를 내세운다. 그 경고에는 뒷받침할 만한 실체가 없다.

이와 같이 말을 내뱉으면서 그 말을 뒷받침할 만한 실체를 갖고 있지 못한 사람들을 예수님은 매우 혹독하게 책망하셨다. 그분의 말씀은 의를 소유하고 있지 않으면서 의롭다고 자처하는 사람들에게 정말로 큰 위협이다.

어느 지역 신문에 한 도둑 이야기가 실렸다. 그 도둑은 사람들이 모두 휴가를 떠난 빈집들을 털기로 작정하고 동네를 유심히 관찰했다. 그러던 중 어느 가정이 옷가방을 차에 싣고 떠나는 광경을 목격했다. 어두워질 때까지 기다린 그는 그 집 문으로 다가가 벨을 눌렀다. 아무런 대답이 없었다. 도둑은 자물쇠를 손쉽게 열고 안으로 들어갔고 캄캄한 집 안을 향해 "아무도 안 계십니까?"라고 말했다. 그러자 갑자기 "나도 당신을 보고 있고 예수도 당신을 보고 있소."라는 소리가 들려왔다.

그 소리를 들은 도둑은 놀라서 까무러칠 뻔했다. 잔뜩 겁에 질린 도둑은 용기를 내서 다시 한 번 "거기 누구요?" 하고 소리쳤다. 그러자 이번에도 "나도 당신을 보고 있고 예수도 당신을 보고 있소."라는 대답이 들려왔다.

도둑은 손전등을 들고 소리 나는 쪽을 향해 다가갔다. 그리고 전등불이 새장에 갇힌 앵무새를 비췄을 때 앵무새가 "나도 당신을 보고 있고 예수도 당신을 보고 있소."라는 말을 되풀이하는 것을 듣고는 즉시 안도의 한숨을 내쉬었다. 도둑은 크게 웃으며 집 안의 스위치를 켰다. 그런데 못 볼 것을 보고 말았다. 앵무새 새장 밑에 송아지만 한 개가 버티고 있었던 것이다. 그러자 앵무새가 말했다. "예수, 물어, 물어!"

예수님께는 아주 무서운 개가 있다. 그 개는 짖는 소리보다 무는 게 더 무섭다. 예수님은 실로 의로우시므로 그분을 따르는 사람들도 의로워야 한다.

예수님의 경우에는 '개 조심'이란 푯말이 엄연한 실재를 가리킨다. 절대로 빈 말이 아니다. "바리새인의 누룩을 주의하라"는 말씀에 진짜 개로 상징될 만한 실재가 들어 있다. 때문에 예수님은 아주 의미심장하게 그 말씀을 하셨다.

이와 같이 '개 조심'이란 푯말은 정말로 위험한 개가 있을 때만 유효한 푯말이다. "하나님의 사랑을 받는 자녀인 우리 그리스도인들은 그리스도의 의를 갖고 있다"는 말 역시 우리가 정말로 의를 추구할 때만 유효하다. 허울은 통하지 않는다. 오직 실재만 통한다.

우리 의의 열매는 서기관들과 바리새인들이 보인 의의 허울보다 뛰어나야 한다.

바리새인들은 표면적으로 높은 의의 수준에 도달했다. 하지만 그들의 의는 외적인 것, 즉 겉모습뿐이었다. 그리고 그들이 탁월하게 보여준 겉모습은 많은 사람을 우롱했다.

불행하게도 그것은 곧 바리새인 자신들을 우롱하는 결과를 가져왔다. 그들은 자기들이 진짜를 갖고 있다고 확신했기에 "우리 아버지는 아브라함이라"고 말할 수 있었다(요 8:39).

뿐만 아니라 그들은 모세의 율법을 충실히 지킨다고 주장했으며 자기들이 하나님 나라에 들어가 있다고 확신했다. 그러나 그들은 하나님을 기쁘시게 하지 못했다. 하나님은 겉치레를 몹시 미워하시기 때문이다.

그렇다면 바리새인들이 도달한 의의 수준을 살펴보자. 우선 바리새인들이 이스라엘에서 일종의 청교도적인 개혁 운동을 주도한 것부터 언급하겠다.

구약성경에는 바리새인이 나오지 않는다. 그들은 신구약 중간기에 등장했다. 이교 신앙이 유대 민족 안으로 침투해 들어오는 것을 염려하던 사람들이 그 집단의 그 기원이다.

한편 이스라엘은 세속화되고 있었다. 즉 유대인들은 하나님이 그들의 조상들과 맺으신 언약에 충성하고 순종하는 데서 멀어지고 있었다.

바리새인들이 바리새인이라고 불린 이유는 그 단어가 '구별된 자들' 이란 뜻이기 때문이다.

그들은 이교주의로 기울던 사조에서 자신들을 구별했고 열정적으로 의를 추구했다. 거의 광적인 방식으로 하나님께 순종하려고 노력했다. 경건에 대한 그들의 관심은 일시적이지도, 피상적이지도 않았다. 하나님을 기쁘시게 하기 위해 진지하게 행동했다.

그와 같이 바리새주의의 기원은 고결했다. 하지만 그들의 운동은 곧 자기 의에 뿌리를 둔 외적 경건주의로 전락해버렸다. 그들은 자기들의 선행을 의지하기 시작했고, 그로써 자기들을 위한 구주가 오셨을 때 그분이 내미시는 구원을 놓쳤을 뿐 아니라 그분을 없애려는 음모까지 꾸몄다.

그들의 치명적인 오류는 이것이다. 즉 자기들에겐 그리스도가 필요 없다고 생각했다. 하나님이 보내신 구주를 영접하지 않고도 하나님을 기쁘시게 할 수 있다고 생각했다.

그렇다면 예수님 당시의 바리새인들은 어땠을까? 다음은 1세기 바리새인들의 특징을 간략히 소개한 것이다.

바리새인들의 전도 생활

예수님은 바리새인들에게 이렇게 말씀하셨다. "너희는 교인 한 사람을 얻기 위하여 바다와 육지를 두루 다니다가 생기면 너희보다 배나 더 지옥 자식이 되게 하는도다"(마 23:15).

교인 하나를 얻기 위해 바다와 육지를 두루 다녔다니 그 열정이 얼마나 컸을지 상상해보라. 매우 수준 높은 선교 단체나 보일 법한 열정이 아닌가!

나는 여행을 좋아하지 않는다. 하나님이 나를 내 고향에서만 사역하도록 허락하시면 좋겠다. 하지만 말씀을 전하기 위해서는 먼 거리를 여행해야 할 필요가 생긴다. 그럴 때마다 나는 부탁을 받고 가겠다고 동의하기 전에 그곳에 얼마나 많은 청중이 모일 것인가를 먼저 고려한다.

그래서인지 나는 아직 한 사람에게 설교하기 위해 미국을 횡단한 적이 없다. 때문에 이와 같은 바리새인들의 열정을 생각할 때 나 자신이 부끄러워진다.

그들은 전도자들이었다. 하지만 예수님은 그들을 가리켜 지옥의 전도자들이라고 하셨다.

그들은 마치 몰몬교도들이 그리스도인들을 부끄럽게 만드는 것처럼, 공산주의자들의 열정적인 신념이 그리스도인들의 열정보다 더한 것처럼 그리스도인들을 부끄럽게 만든다.

그러나 경고는 분명하다. 그리스도인들은 전도와 선교사역에 부르심을 받지만 그런 사역에 참여하고 있다는 사실 자체가 우리 의가 바리새인들의 의보다 낫다는 보증이 되지 못한다. 전도와 선교에 열심이 없다면 경각심을 가져야겠지만, 열심이 있다고 해서 그것이 곧 우리 믿음이 참되다는 증거는 아니다.

바리새인들의 십일조 생활

예수께서 바리새인들이 헌금을 매우 꼼꼼히 하는 점을 인정하신 적이 있다. 그들은 십일조를 거르지 않았고 예수님은 그들에게 저주의 말씀을 하시는 가운데 이 점을 언급하셨다.

> "화 있을진저 외식하는 서기관들과 바리새인들이여 너희가 박하와 회향과 근채의 십일조는 드리되 율법의 더 중한 바 정의와 긍휼과 믿음은 버렸도다"(마 23:23).

바리새인들은 사소한 것을 지나치게 중시하는 함정에 빠졌다. 즉 가치위계가 뒤바뀌었다. 외양이 내면보다 더 중요해졌다. 자기들이 매우 중요한 문제에 성실하지 못한 잘못을 모호하게 만들기 위해 사소한 문제들을 높은 차원으로 끌어올렸다. 하지만 그들은 최소한 십일조는 바쳤다.

이스라엘 백성들은 대개 농작물이나 가축으로 십일조를 드렸다. 특히 농작물과 가축의 첫 소출은 주께 드렸다. 바리새인들이 십일조를 면밀하게 드렸다는 것은 그들이 심지어 박하와 회향에 대해서도 십일조를 드렸다는 예수님의 말씀에서 살펴볼 수 있다. 오늘날로 치면 거리에서 100원짜리 동전을 주워도 10원을 주께 돌려드릴 정도로 십일조 생활을 철저하게 하는 사람과 비견할 만하다.

이와 같은 바리새인들에게서 우리는 십일조에 관한 몇 가지 교훈을 얻을 수 있다.

최근의 설문조사에 의하면 스스로 '복음주의자'라고 여기는 교인 중 십일조 생활을 하는 사람은 4%뿐이다. 그 설문조사 결과가 정확하다면 복음주의 그리스도인들 중 96%는 정기적으로, 체계적으로 하나님의 재산을 도둑질하고 있는 셈이다. 이 면에서 우리의 의는 바리새인들보다 낫지 못하다. 이렇게 항변할 사람이 있을지 모른다. "우리는 보다 큰 것에 관심을 쏟는다. 십일조는 안 하지만 공의와 자비에는 관심이 많다."

그러나 이런 항변은 공허하다. 큰일을 하기 전에 먼저 작은 일에 충성하라는 게 우리가 배우는 교훈이다.

또 큰일들을 하느라 너무 바빠서 십일조 같은 작은 일들을 소홀히 해온 게 사실이더라도 그것이 하나님의 재물을 도둑질하는 것에 대한 변명은 되지 못한다.

반대로 우리가 십일조를 드리는 작은 집단의 일원이라 해도 자랑할 게 없다. 마땅히 해야 할 일을 하는 것일 뿐이다. 십일조 생활을 한다고 해서 주도면밀하게 십일조 생활을 했던 바리새인들보다 크게 나을 게 없다.

다시 말해 우리는 바리새인들의 누룩을 주의해야 할 뿐 아니라 바리새인들을 함부로 비판하는 것도 주의해야 한다. 그들은 하나님을 기쁘시게 하려는 열의를 가지고 작은 (그리고 보이는) 의의 행동들을 강조했다.

이렇게 작은 일들을 사소하게 지나치다가 작은 일이든 큰일이든 흐지부지 끝내기가 얼마나 쉬운가. 만약 모든 일을 소홀히 한다면 하나님을 기쁘시게 하는 데 있어서 바리새인들보다 조금도 나을 게 없을 것이다.

바리새인들의 기도 생활

예수님은 바리새인들의 기도 습관에 대해 말씀하셨다. 그들은 자신들의 경건을 대중 앞에 드러내기 좋아했다. 거룩한 자세를 취하고 웅변으로 기도했다.

다윗의 기도 생활을 특징지었던 하나님과의 씨름에 관해서는 전혀 아는 게 없었다. 다윗의 베개는 눈물로 젖었던 반면, 바리새인들의 베개는 뼈처럼 메말랐다.

그들에게는 기도의 골방이 없었다. 골방에는 자기들의 기도를 들어줄 청중이 들어갈 수 없었기 때문이다.

이와 같이 바리새인들의 경건은 외적이었다. 마치 나무의족을 한 돼지 이야기에 나오는 농부와 같았다.

한 남자와 그의 아내가 주일예배를 드린 뒤 저녁식사를 맛있게 먹었다. 식사 후 그들은 말을 타고 들녘을 구경하기로 했다. 한가히 말을 타고 가는데 길가 풀밭에 나무의족을 한 돼지가 있었다. 그것은 본 남편이 깜짝 놀라며 아내에게 소리쳤다. "저 돼지 좀 봐요!"

그 사람은 다리를 다친 돼지에게 의족을 해주다니 농부가 얼마나 인간적인 사람인가 생각했다. 그래서 아내에게 그 농부의 집을 찾아가 돼지에게 의족을 해주게 된 경위를 들어보자고 했다. 그들은 농부의 집에 가서 문을 두드리고 자신들을 농부에게 소개했다.

"선생님, 방해해서 죄송합니다. 하지만 선생님이 의족을 해주신 돼지에 관해 꼭 알고 싶어서 들렀습니다. 왜 그렇게 하신 건지 말씀해 주시겠습니까?"

그러자 농부가 입을 열었다.

"아, 그거요? 몇 달 전 손자들이 왔다 갔는데요, 어느 날 오후 아이들이 우리 집 황소가 풀을 뜯는 목장으로 놀러가서 여기저기 마구 뛰어다녔어요. 그때 성난 황소가 아이들에게 달려들었는데 위험을 감지한 돼지가 황소와 아이들 사이로 뛰어들어 황소를 들이받았어요. 돼지가 제 손자들의 목숨을 건진 거지요. 그다음 날은 손자 하나가 농장 연못에 빠져서 허우적거리고 있었는데 그때도 그 돼지가 물에 뛰어들어 아이의 목숨을 건져주었어요.

보셨겠지만 우리에게 그 돼지는 식구와 다름이 없어요. 의족을 해준 것도 다 그런 이유 때문이지요. 그런 돼지를 도저히 잡아먹을 수 없었어요."

인정 많은 농부는 그 영웅적인 돼지에게 매우 많은 정성을 쏟은 것은 아니지만 최소한 감사한 척은 했다. 행인의 눈에 나무의족은 농부의 인정을 상징했지만, 그는 이야기의 전모를 몰랐다.

농부가 돼지에게 보인 관심은 바리새인이 기도를 좋아한 정도와 같다.

최소한 바리새인들은 기도를 했다. 헛된 기도를 반복했긴 했지만 기도하는 동작은 취했다.

우리 중 어떤 사람들은 너무 메마르게 사는 나머지 기도하는 동작조차 취하지 않는다. 우리의 위선적인 기도가 하나님을 노하시게 만들지만 아예 기도를 하지 않아서 노하시게 만들기도 한다.

바리새인들의 성경 읽기

예수님은 다음과 같은 말씀으로 바리새인들을 책망하셨다. "너희가 성경에서 영생을 얻는 줄 생각하고 성경을 연구하거니와 이 성경이 곧 내게 대하여 증언하는 것이니라"(요 5:39).

바리새인들은 신학을 공부한 사람들이었다. 그들은 구약성경의 장절을 댈 수 있었다(그들이 주일학교의 '말씀훈련'에 참여한다면 아마 상을 휩쓸 것이다). 그러나 그들은 하나님의 말씀에 대한 마음과 혼은 간과했다. 오직 하나님의 말씀을 찾는 데만 부지런했다.

많은 그리스도인이 성경을 읽지 않는다. 그들은 선한 의도를 갖고 있지만 어영부영하면서 성경을 젖혀 둔다. 신학 논쟁이 벌어지면 여기저기서 본문을 인용할 수 있겠지만, 근실하게 성경을 공부하는 사람은 별로 없다.

사람들은 사귐, 정연한 토론, 맛있는 다과가 있는 성경공부반에 참석한다. 참석해서도 다른 것은 다 하면서 성경공부만 빼먹을 때가 많고, 성경을 공부하더라도 피상적인 단어만 오가는 경우가 많다.

그러나 예수님은 하나님의 말씀을 사랑하셨다. 말씀은 예수님의 양식과 음료였다.

또한 예수님은 자기 백성에게 근실한 성경학도가 되라고 하신다. 하지만 성경 지식을 축적하는 것 이상을 요구하신다. 우리는 견고한 성경 교리를 지녀야 한다. 그러나 그것이 다가 아니다. 예수님을 기쁘시게 하는 의는 그분의 말씀을 듣는 것뿐 아니라 행위에서도 흘러나오는 의다.

전도, 십일조, 기도, 성경공부, 이런 것들은 서기관과 바리새인들이 엄격히 준행한 사항들 중 몇 가지에 불과하다. 이런 부분에서 그들은 매우 탁월했다. 하지만 그들의 행동은 지극히 외적이었다. 그들은 위선자들이었고 겉으로는 경건의 모양을 취했으나, 마음은 하나님께로부터 멀어져 있었다. 즉 율법 문서는 간직하고 있었으나 율법의 정신은 죽였다.

성경은 사람은 외모를 보지만 하나님은 마음을 보신다고 경고한다(삼상 16:7). 이것은 하나님께서 율법의 문자는 무시하시고 오직 율법의 정신만 중시하신다는 말이 아니다. 겉으로는 불순종하면서 속에는 따뜻한 마음이 있노라고 아무리 말해도 변명이 될 수 없다.

하나님을 기쁘시게 하는 그리스도인의 삶은 내적인 동시에 외적이다. 진정한 의는 정신과 문자를 동시에 지킨다. 이런 종류의 의는 바리새인과 서기관의 의를 능가한다. 이것이 바로 주께서 우리에게 요구하시는 순종이다.

4. 세상과의 전투

R. C. 스프로울

마르틴 루터는 그리스도인이 살면서 벌이는 삼중전투에 관해 말했다. 그리스도인은 전선에서 세상, 육체, 마귀와 대치하고 있다. 이들은 가공할 만한 적들이다. 이들은 언제나 공정하게만 싸움을 걸어오지 않으며, 패거리로 공격한다. 그들이 사용하는 전술은 매우 교활하다. 사탄은 기습공격의 명수다. 육은 사람의 내부에 있는 원수로 성령을 훼방하는 방해자다. 의로우신 하나님을 기쁘시게 하는 삶을 사는 동안 우리는 이런 원수들과 끊임없이 전투를 벌인다. 성화의 과정에는 이런 대적들과 싸우는 일이 있고—우리가 정말로 장성해가고 있다면—승리하는 일이 자주 생긴다. 민감한 신자라면 그런 적과 싸워 승리를 거두는 게 얼마나 어려운 일인지 너무 잘 안다.

이 장에서 우리는 그 세 원수 중 첫 번째인 세상을 살펴볼 것이다. 세상의 정신, 곧 타락한 창조계의 가치 체계는 육체와 마귀를 구분할 수 있지만 구별할 수는 없다. 즉 육체는 타락한 세상의 일부분이요 마귀는 이 세상의 임금이다. 우리는 이 세상에 살고 있는 세상의 일부다. 그리고 세상은 우리의 전장이다. 전장은 유럽이나 태평양권에 한정되어 있지 않다. 우리의 고향도 세상이다. 이 세상에서 살고 움직이는 곳 어디서나 우리는 전투를 벌이고 있다. 지구 전체가 타락했기 때문이다. 즉 창조계 전체가 구속을 기다리며 신음하고 있다.

우리는 약육강식의 법칙이 지배하는 세상에서 살고 있다. 동시에 이리가 어린 양과 함께 뒹굴고 아이가 독사굴에 손을 넣어도 해를 받지 않는 새로운 세상을 고대하고 있다. 그러나 지금은 양을 치는 목자로서 이리들에게 와서 양들과 놀라고 청하지 않는다.

플로리다에 이사 왔을 때 나는 독사의 위험을 금방 의식하게 되었다. 마름모무늬의 무서운 방울뱀과 그 밖의 치명적인 독사들이 우글거렸다. 뒤뜰에서 놀고 있는 손자들의 안전이 몹시 신경 쓰였다. 내 토지 변두리에는 야자수가 있었고, 그 주위에 풀과 갈대가 무성하게 자라 있었다. 그곳이 독사의 소굴이 되지 못하도록 나는 주변을 깨끗이 정리하기로 작정했다. 숲을 정리하기 시작했을 때 야자수 밑에서 갑자기 뭔가가 움직였다. 그렇게 갑자기 나타난 뱀을 나는 홀린 듯 바라보았다. 그것은 몹시 아름다웠다. 검고 노랗고 빨간 원으로 뒤덮인, 홀쭉하고 화려하고 우아한 뱀이었다. 그 뱀은 내게서 스르르 미끄러져 갔다. 해로워 보이지 않았다. 호기심 강한 어린이들이 보았다면 틀림없이 매혹되었을 만큼, 살아있는 목걸이 같았고 장신구 같았다. 그러나 사실은 북아메리카의 독사 중에서 가장 아름답고도 가장 독성이 강한 뱀이었다. 때문에 나는 신속히 몸을 놀려 그것을 죽였다. 죽인 독사를 병에 넣어 집 안으로 가지고 들어갔다. 그리고 그것을 아이들에게 보여주면서 그 독이 얼마나 위험한지 설명해주었다.

세상에는 다양한 뱀이 득실거린다. 우리의 시조를 유혹한 뱀은 아직도 붙잡히지 않았다. 이 제어되지 않은 동물의 독은 우리의 정원을 망쳐 놓을 수 있다. 세상은 참으로 게걸스러운 뱀들의 서식처다.

세상의 유혹

세상은 유혹자다. 우리의 관심과 헌신을 이끌어내려 한다. 매우 가깝고 잘 보이고 매혹적이다. 하늘을 향한 우리의 시야를 가린다. 보이는 것으로 우리의 관심을 끌어내려 한다. 하나님이 세우시고 조성하시는 더 나은 나라를 바라보지 못하도록 우리 눈을 미혹한다. 그것이 우리를 기쁘게 하기에(몇 배나 기쁨을 준다) 슬프게도 우리는 세상을 기쁘게 하기 위해 사는 경우가 많다. 그리고 바로 거기서 투쟁이 이루어진다. 세상을 기쁘게 하는 것이 하나님을 기쁘시게 하는 것과 일치하는 경우가 거의 없기 때문이다.

우리가 받는 하나님의 부르심은 이와 같다. "너희는 이 세대를 본받지 말고"(롬 12:2). 그러나 세상은 우리가 동반자가 되기를 바라고 있다. 세상은 우리에게 완전히 세상에 빠져들라고 몰아붙인다. 이루 말할 수 없는 압력으로 우리를 내리누른다.

십대 때 경험했던 불안이 기억나는가? 우리의 자기가치, 자기평가는 마술 같은 한 단어, 모든 것을 포괄하는 한 가지 표준인 '인기'로 측정되었다. 6학년 때 신발을 사러 피츠버그에 있는 백화점에 갔다. 어머니는 나를 신발 코너로 데려가셨고, 점원은 내게 신발을 보여주며 내 학교생활에 관해 물었다. 그러자 난 무심결에 이렇게 말했다. "내가 우리 반에서 가장 인기 있어요!" 그 말을 들은 어머니는 당황하셨다. 내게 늘 겸손의 덕을 가르치셨기 때문이다. 어머니는 나의 자랑이 매우 저급한 짓이라고 설명해주셨다. 하지만 그 말씀이 하나도 귀에 들어오지 않았다. 내게 문제가 된 것은 내 말이 정말이냐 거짓말이냐 하는 것이었다. 나는 내가 우리 반에서 가장 인기 있는 아이라고 생각하고 싶었다. 당시 나에게는 그것이 인생의 핵심문제였다. 물론 나는 부모님이 나를 사랑하고 내 여동생이 나를 자랑스럽게 생각하기를 바랐지만, 6학년 당시의 나의 존재 목적은 인기였다.

인기에는 마치 정찰표 같은 게 있다. 쉽게 말해 나는 순종적이어야 했다. 그리고 세련되어야 했다. 분위기에 맞는 옷을 입어야 했고, 적절히 머리 빗는 방법을 터득해야 했으며, 대중가요를 포함한 많은 노래를 알아야 했다. 남자다움을 증명하기 위해 적절한 의식도 수행해야 했다. 다양한 도전들을 받아들여야 했다. 상점에서 들키지 않고 잡지나 초콜릿을 슬쩍할 수 있다는 것을 입증해야 했다. 경찰의 추격을 받을 수 있는 저녁 모임에도 참석해야 했다. 농담으로 선생님을 골려주어야 했다. 파괴적으로 행동하는 법도 배워야 했다. 도버트 부인의 양파밭에서 양파를 마구 뽑기도 했다. 양파를 좋아하지도 않으면서 말이다. 연로한 닉 그린 씨가 포도밭에서 포도를 따느라 여념이 없는 동안에는 뒤에서 포도를 훔쳤다. 린다 허핑턴이 해놓은 숙제를 베낀 다음 내 숙제로 제출하는 법도 배웠다. 이상의 행동들과 그 밖의 기괴한 짓들이 인기를 얻기 위해 치러야 했던 대가였다.

그러나 이런 행동들은 사춘기가 지나가면서 사라지게 마련이다. 하지만 정말 그럴까? 게임의 대상이 바뀌고 테스트하는 내용이 달라졌다. 가격표도 바뀌었다. 더 비싼 물건들이었다. 내기는 계속되었고, 나는 여전히 인기를 누리고 싶었다.

9학년이 되면서 나는 인기를 얻는 새로운 방법을 발견했다. 운동이었다. 나는 농구팀 주장이었다. 내 세계는 농구를 축으로 움직였다. 피츠버그의 '포스트 가제트'(Post Gazette)지에 우리 시합 소식이 실리지는 않았다. 스포츠 면에 내 이름이 오른 적도 없다. 그러나 나는 내 작은 세계의 영웅이었다. 우리 팀이 이겼을 때 나는 치어리더들에게 이런 말을 들었다. "스프로울, 스프로울, 스프로울 우리편, 스프로울이 못하면 아무도 못한다."

야간 경기에서 우리 팀이 이긴 다음 날이면 학교에서 보내는 하루가 너무 즐거웠다. 우리가 다음 수업이 있는 강의실로 가기 위해 복도를 걸을 때면 지나가는 학생마다 나를 보고 웃으며 내 이름을 불렀다. 점심시간에는 식당에서 7학년 여학생들이 손수건을 내밀며 사인을 부탁했다. 하지만 그것은 오직 우리 팀이 이겼을 때뿐이었다.

반대로 시합에서 지면 상황이 달라졌다. 복도를 걸을 때면 성난 눈초리들을 피하기 위해 고개를 숙였다. 관중의 야유가 귀에서 좀처럼 사라지지 않은 채 잠들려고 애를 쓰면 눈물이 흘러 베개를 적셨다. 시합에서 진 뒤에는 상점에도 가지 않았다. 그렇게 나는 일찌감치 관중의 환호를 의지하지 않는 법을 배웠다. 하지만 그들을 무시하는 법은 배우지 못했다. 그들은 내 생애에서 유혹의 힘으로 남았고, 나는 여전히 사람들을 기쁘게 하기 위해 분투했다. 인기를 얻기 위해 계속 노력했다. 그들로부터 야유를 받는 게 싫었다.

이 세상에 '순응'한다는 것은 이 세상의 형식, 또는 구조 편에 서는 것을 뜻한다. 인기 있는 것을 행한다는 뜻이다. 갈등은 여기에서 비롯된다. 사람들에게 인기 있는 것을 하나님께서도 반드시 좋아하시지는 않는다. 때로 우리는 우리가 기쁘게 해야 할 대상을 선택해야 한다. 그것이 그리스도인이 매일 살면서 벌여야 하는 투쟁이다.

모든 세대, 모든 문화에는 주도적이고 지배적인 정신이 있다. 독일인들은 그 뜻을 담아 '시대정신'(Zeitgeist)이란 단어를 만들었다. 잘 알려진 두 개의 개념을 한데 엮어 만든 용어다. '차이트'(Zeit)는 독일어로 '시간'(혹은 시대)이란 뜻이며, '가이스트'(Geist)는 '정신'이란 뜻이다. 따라서 '차이트가이스트'는 '시간의 정신', 혹은 '시대정신'이란 뜻이 된다. 그리스도인들이 살고 있는 오늘날의 시대정신은 세속주의다. 강조점이 '이 세상'과 '이 시대'에 있다. 이 세상 위에, 그리고 이 세상 너머에 있는 것에는 별로 주목하지 않는다. 영원은 무덤가에서 잠시 생각할 때 외에는 생각하는 일이 드물다. 문제되는 것은 이곳이며 지금이다. 순간과 현재의 낙을 위해 사는 것이 이 세상의 정신이다. 이와 같은 이 세상의 세속정신은 나름대로의 현대적인 경향과 강조점을 갖고 있지만, 본질상 새로운 것이 아니다. 모든 세대는 나름대로의 세속주의를 갖고 있으며 우리는 땅에 묶인 피조물들이다. 따라서 우리의 초점은 이 세상에 놓여 있다.

예수님 시대에도 다르지 않았다. 예수님은 거듭해서 제자들에게 현재 너머를 보라고 말씀하셨다. 영원을 향해 눈을 들게 만드셨다. "보물을 하늘에 쌓아 두라" 말씀하셨고, 영원이라는 저울에 달아 사리를 판단하라고 하셨다. "사람이 만일 온 천하를 얻고도 제 목숨을 잃으면 무엇이 유익하리요"(마 16:26).

이 세상을 얻을 것인가, 영혼을 얻을 것인가? 세상을 기쁘게 할 것인가, 하나님을 기쁘시게 할 것인가? 이것이 모든 세대의 쟁점이다. 이 세상에 순응하려면 영혼을 잃을 각오를 해야 한다. 세상은 영혼에 아무런 가치도 매기지 않는다. 오늘날의 시대정신에 따르면 눈에 보이는 육체 하나가 보이지 않는 영혼 둘보다 가치 있다. 세상의 정신은 오늘 놀고 값은 내일 치르라고 한다. 물론 강조점은 '오늘'에 있다. 이것이 인기 있는 생활 방식이다.

따라서 그리스도인이 이 세상의 유혹을 거절하려면 시대의 물결을 거스를 각오를 해야 한다. 하나님을 기쁘시게 하기 위해 사람들을 기쁘게 하지 못할 수도 있다는 각오를 해야 한다. 때문에 예수님은 이렇게 말씀하셨다. "나로 말미암아 너희를 욕하고 박해하고 거짓으로 너희를 거슬러 모든 악한 말을 할 때에는 너희에게 복이 있나니 기뻐하고 즐거워하라 하늘에서 너희의 상이 큼이라 너희 전에 있던 선지자들도 이같이 박해하였느니라"(마 5:11-12).

천국의 복을 가르친 이 말씀에서 핵심 구절은 "나로 말미암아"다. 주께서 우리에게 분부하시는 불순응은 단순히 불순응을 위한 불순응이 아니다. 누구든 비동조자가 됨으로써 관심을 끌 수 있다. 그러므로 값싼 불순응과 진정한 불순응을 구별하는 것은 "나로 말미암아"다. 이유 없이 '따로 노는 것'은 좋은 행동이 아니다. 우리의 불순응은 선별적이어야 하고, 명분이 있어야 한다.

불순응을 하찮게 생각하기 쉽다. 바리새인들이 그랬듯 이것을 매우 단순한 형식들로 축소시킬 수 있다. 진정한 불순응은 변화에 근거한다. 사도 바울은 부정적인 금령에 적극적인 명령을 덧붙인다. "너희는 이 세대를 '본받지'(conform) 말고 오직 마음을 새롭게 함으로 '변화를 받아'(transform)"(롬 12:2). 여기서 반드시 바뀌어야 할 것은 접두사다. '콘'(con-, '함께')이라는 접두사가 '건너'나 '너머'라는 뜻의 접두사 '트랜스'(trans-)로 바뀌어야 한다. 사회에 몸담지 않는 것으로는 충분치 않다. 변화하라는 부르심은 세상을 등지라는 뜻이 아니다. 이 세상의 틀을 넘어서서 변화를 일으켜야 한다. 예수님의 관점은 이 세상의 틀을 넘어선다. 우리는 세상에 굴복해서도 안 되고 세상으로부터 도피해서도 안 된다. 새롭고 다른 정신을 가지고 세상을 뚫고 들어가야 한다. 너무 많이 사용하여 상투어가 된, 다음과 같은 말이 있다. "우리는 세상에 있어야 하지만 세상에 속해서는 안 된다." 세상에 속한다는 것은 현세적으로 사는 것이다. 이 세상에 순응하는 것이다. 그리고 세상에 몸담지 않는다는 것은 변화를 일으키는 일 없이 불순응하는 것이다.

하나님의 구속 무대는 이 세상이다. 하나님이 그리스도를 보내신 곳은 바로 이 세상이다. 그리스도는 제자들이 두려워서 문을 걸어 잠근 채 다락방에 숨어 있는 것을 허락지 않으셨다. 변화산에 은둔처 짓는 것을 허락지 않으셨다. 우리는 예루살렘, 유대, 사마리아, 그리고 땅끝까지 이르러 그리스도의 증인이 되라는 부르심을 받았다. 예루살렘은 이 세상 안에 있다. 유대도 이 세상 안에 있다. 사마리아도 이 세상 안에 있다. 땅끝도 여전히 이 세상에 있다. 따라서 우리는 이 세상으로부터 도피해서는 안 된다. 그런데도 얼마나 많은 그리스도인이 도피를 꾀하고 있는가. 그렇게 하는 한 자기 백성이 세상에서 도피하지 않고 세상을 구속하는 데 참여하기 바라시는 하나님을 기쁘시게 할 수 없을 것이다.

복음주의적 도피

미국에는 거대한 운동이 일어나고 있다. 지방의 기독교 학교가 세속 국립 교육의 대안으로 대두되었다. 그리스도인들은 더 이상 세상의 주(州)가 제공하는 교육에 자기 자녀들을 맡기려 하지 않는다. 정부는 공교육을 통해서 기독교 세계관을 가르치는 데 열의를 갖고 있지 않다. 하나님에 관한 것들에 대해 '중립적인' 태도를 견지한다. 주 정부가 종교적 '중립성'을 표방하는 가운데 학교들은 마치 하나님이 안 계시거나 읽고 쓰고 셈을 하는 일과는 무관하신 것처럼 교육하고 있다. 그러나 그리스도인들은 무관한 하나님과 계시지 않는 하나님은 별 차이가 없다는 것을 알고 있다.

기독교의 하나님은 온 세상의 창조주이시다. 친히 지으신 만물을 다스리시는 주재이시며, 교회뿐 아니라 국가, 신학은 물론 생물학에 대해서도 주재이시다. 따라서 '중립적인' 교육이란 허구에 지나지 않는다. 모든 교사와 모든 교과 과정에는 관점이 실려 있다. 가치 체계도 담겨 있다. 그 관점은 하나님을 중심에 놓든 그렇지 않든 둘 중 하나다. 중립이란 것은 없다. 하나님을 인정하거나 무시하거나 둘 중 하나를 택할 수밖에 없다. 어느 쪽으로든 관점이 표출된다.

점점 더 많은 수의 그리스도인 부모들이 하나님에 관한 일을 자녀에게 가르치는 게 신성한 의무라는 것을 인식하고 있다. 그들은 미국에 남아 있는 제한된 자유를 사용하여 이른바 중립 체계에 대안이 되는 교육을 시행한다. 그렇게 하면 세금을 이중으로 내야 한다. 세무서는 여전히 학부모에게 주립학교를 재정으로 지원하라고 요구하기 때문이다. 결국 사람들은 자기들 나름의 교육 체계를 위해 다시 비용을 지불해야 한다. 열성 있는 학부모들이 하나님을 기쁘시게 하는 일을 최고의 가치로 여기는 환경에서 자녀들을 교육하기 위해 그처럼 많은 노력과 비용을 지불하는 것을 나무라기 어렵다.

문제는 학교가 단순히 세상에 순응하지 않는 것으로 끝나지 않는다는 것이다. 기독교 학교 운동은 일종의 새로운 수도원적 은둔 운동이 될 소지가 있고, 세상에 증거가 되지 못한 채 세상으로부터 고립될 소지가 있다. 실제로 그런 경우가 종종 발생하기도 한다. 하나님을 기쁘시게 하려면 자신을 세속에 물들지 않게 지키는 것뿐 아니라 세상을 등지는 것 이상의 일을 해야 한다.

어떤 사람들은 기독교 학교를 뚜렷하게 기독교적으로 만드는 요인이 무엇이냐고 질문한다. 단지 성경 과목을 개설하고 학과 시간에 기도를 한다고 해서 학교가 기독교화되는 것은 아니다. 문제는 교과 과정의 관점이다. 하나님은 모든 학문에서 인정받으셔야 한다. 그리고 우리는 세상에서 능력 있는 증인이 되기 위해 세상을 연구해야 한다.

최근에 나는 어느 기독교 고등학교 교장의 전화를 받았다. 그분은 학교가 와해될지도 모를 위기에 봉착해 있다고 했다. 그 학교 상급반

영어 과목의 필독서 목록에는 존 스타인벡의 「분노의 포도」(The Grapes of Wrath)가 포함되어 있었다. 그런데 여러 학부모들이 그 책이 선정된 데 격분하여 그 책을 필독서 목록에서 제외시킬 것을 요구하였다. 스타인벡의 책은 학부모들이 볼 때 너무 '세속적'이었던 것이다. 그들은 자기 자녀들을 이런 유의 문학에 노출시키고 싶지 않았다. 오직 기독교적인 문학만 읽힐 것을 요구했다.

그 교장은 "어떻게 하면 좋겠습니까?"라고 물었다. "필독서에서 모든 비기독교 도서들을 제외시키고 어떻게 권위 있는 미국 문학을 가르칠 수 있겠습니까?"

대답은 매우 간단하다. 학교에서 비기독교적인 책을 모두 제외시킨 채 권위 있는 미국 문학을 가르칠 수는 없다. 학생이 미국 문학을 제대로 이해하려면 스타인벡이나 헤밍웨이, 그 밖의 그리스도인이 아닌 많은 저자들의 작품을 도외시해서는 안 된다. 권위 있는 기독교 교육은 '온실' 교육이 아니다. 학생들이 미국 문화를 형성하는 문학의 주요 주제들을 이해하려면 그런 책들을 연구할 수 있는 능력이 있어야 한다. 하나님을 인정하고 존경하는 학교보다 세상의 관점을 공부할 수 있는 더 좋은 환경이 어디 있겠는가! 그런 문학을 무시하는 것은 세상의 아름다운 것들의 일면을 무시하는 것이고―세상에는 아름다운 것이 많다―그리스도인들을 이지적이지 못하고 퇴보적인 사람들이라고 공격하는 비판자들에게 실탄을 제공하는 것이다.

사도 바울은 세속 문학에 정통했다. 그는 아테네의 군신의 언덕에서 이교 철학자들과 변론할 때 이교 시인들의 글을 인용했다(행 17:28

참조, 여기서 바울은 시인 에피메니데스의 글을 인용한다). 바울이 그렇게 한 이유는 세속적이었기 때문이 아니라 교육을 받았기 때문이다. 예수님을 제외하고는 바울처럼 성경을 사랑한 사람이 없을 것이다. 그런데도 바울은 다른 책들도 읽을 시간을 냈다.

아프리카 히포의 주교 아우구스티누스는 신플라톤 철학에 둔 자신의 학문 배경에 힘입어 교회에서 가르치는 일을 맡았다. 중세의 대철학자 토마스 아퀴나스는 당대의 세속 철학자들과 논쟁했다. 존 칼빈은 아우구스티누스만큼이나 키케로를 자주 인용했다. 철학자 존 로크의 저서들을 좋아했던 조나단 에드워즈는 펜을 들어 유럽의 무신론자들을 비판했다. 지금까지 언급한 사람들 모두 세속 철학을 정확히 이해했고 기독교 진리로 그것을 비판하려 했다. 그들은 고립주의로 물러나지 않았다. 기독교적 견지를 분명하게 유지하면서도 때로는 불신자들의 말을 타당하게 여겨 그것을 인용했다.

우리 자녀들을 이교적 사고에 노출시키는 데에는 위험이 따른다. 내 아들은 열두 살에 헉슬리의 책을 읽었다. 물론 내 감독하에 읽었다. 그런 다음 나는 아들과 함께 이교 철학자들의 사상을 토론했다. 이 세상의 관점과 하나님 말씀의 관점 사이에 정말로 대립이 존재하는지 살펴보려고 노력했다.

어떤 사람은 이렇게 반박할 것이다. "하지만 성경은 '철학과 헛된 속임수'(골 2:8)를 주의하라고 말하지 않습니까?" 그러나 무엇을 주의하려면 먼저 그것을 알아야 한다. 권위 있는 기독교 교육은 세속 철학자들에게 위협을 당하지 않는다. 우리는 기독교 진리가 세속 철학을 능가한다고 확신한다. 기독교 진리는 세속 철학을 이긴다. 우리는 대적에게서 도망할 필요도 없고 그들과 타협할 필요도 없다. 대적이 어떻게 생각하는지 이해하는 것은 우리에게 유리하다.

최근에 어느 기독교대학의 실무자와 대화를 나눈 적이 있다. 그는 풀이 죽은 어조로 이렇게 말했다. "요즘 학생들은 기독교 교육을 선택하느냐, 좋은 교육을 선택하느냐의 두 가지 대안을 갖고 있다." 냉소적으로 한 말이 아니었다. 오히려 낮은 지적 수준으로는 기독교 교육을 만족스럽게 시행할 수 없다는 깊은 우려에서 나온 말이었다. 많은 수의 우수한 그리스도인 학생들이 세속 학교로 가버렸다. 그곳에서 더욱 수준 높고 폭넓은 교육을 받을 수 있다고 믿기 때문이다. 유감스럽게도 그들의 결정은 사실에 근거한다. 물론 우리 주변에는 여전히 우수한 기독교대학들이 많다.

하나님은 변화된 정신을 요구하신다. 이것은 다른 관점으로 세상을 보는 정신이다. 우리는 이교 철학자들을 공부한다. 그러나 '읽고 취사선택하는 법'을 배운다. 다시 말해 공부한 내용을 비판할 수 있는 가치 체계를 갖고 있다. 여기서 비판이란 말은 매사를 부정적인 정신으로 대한다는 뜻이 아니다. 주의하고, 분별한다는 뜻이다. 하나님의 진리는 이 세상의 교훈을 평가할 수 있는 모눈종이다.

또한 변화하라는 말씀은 정신을 새롭게 하라는 뜻이다. 새로운 정신은 하나님의 관점을 깊이 공부하는 데서 생겨난다. 그렇게 하려면 성경을 잘 알아야 한다. 성경이 곧 하나님의 정신을 드러내기 때문이다. 우리가 하나님의 정신을 더 많이 이해할수록 어니스트 헤밍웨이나 장 폴 사르트르에게 덜 위협을 받을 것이다.

세상으로부터 배울 수 있는 것도 있다. 하나님의 계시는 성경에서만 발견되는 것이 아니다. 하나님은 자연과 인간 문화에도 자신을 계시하신다. 즉 모든 진리는 하나님의 진리다. 세속 철학자들은 대체로 거짓 선지자들이긴 하지만, 그들이 말하는 모든 것이 거짓은 아니다. 진리는 어느 곳에서도 발견할 수 있다. 심지어 이교도들의 글에서도 진리의 요소들을 발견할 수 있다. 그들에게서 거두는 진리의 편린은 비록 발견하기 어려울 뿐 분명히 존재하며 그것들에서조차 우리는 유익을 얻을 수 있다. 때문에 대다수의 설교 예화집은 신자들뿐 아니라 불신자들에게서도 인용한다.

세상은 우리가 성화하는 데 장애물이다. 그러나 바른 관점으로 대한다면 동맹자도 될 수 있다. 세상은 여전히 우리 아버지의 것이다. 때문에 아버지께서는 세상을 멸시하시지 않는다. 구속할 만큼 세상을 크게 사랑하셔서 세상에 찾아오신다. 세상을 버리시지도 않고 포기하시지도 않는다. 이 점에서 우리는 하나님을 닮아야 한다. 하나님과 똑같은 자세로 세상을 대해야 한다. 목표는 변화에 있다.

또한 우리는 하나님의 백성으로 세상과 함께 세상 안에서 사는 법을 배워야 한다. 마르틴 루터는 유익한 그리스도인의 장성 형태를 묘사했다. 어떤 사람이 그리스도께 돌아와 회심하면 우선 세상을 등지고 포기하는 기간을 지나게 된다. 따라서 참된 의미의 회심자는 '세상과 끝난' 사람이다. 과거에 지녀온 순응적인 자세를 버려야 한다. 그렇게 물러서는 기간이 있다. 그 기간 동안에는 하나님의 것에 푹

빠진다. 바울은 이방인의 사도로 보내심을 받기 전에 먼저 아라비아로 물러가 시간을 보냈다. 모세도 바로의 궁으로 보내심을 받기 전에 혼자 광야에 있었다.

　이와 같이 물러나는 기간은 매우 정상적이고 건강한 것이다. 그러나 루터가 강조했듯이 세상에 다시 들어가 그것을 끌어안기 전에는 영적 장성에 이를 수 없다. 그때에는 지난날처럼 세속적인 태도로 끌어안지 않고 세상을 구속의 무대로 여기며 끌어안는다. 세상은 우리의 일터다. 하나님이 지으시고 그리스도께서 오신 곳이다. 그러므로 세상을 포기해서는 안 된다. 세상은 여전히 우리 아버지의 소유다.

　우리는 하나님을 대신하여 세상에 대한 소유권을 주장하는 법을 배워야 한다. 세상에 순응하거나 세상 유혹에 굴복함으로써가 아니라 세상에 증거하고 세상을 변화시킴으로써 그렇게 해야 한다. 새로운 마음으로 세상을 대하게 되면 두려움 없이 이 일을 이룰 수 있다.

　새로워진 정신은 하나님을 기쁘시게 하는 데 필수적인 요소다. 우리의 성화를 바라시는 하나님은 우리가 타락한 세상에서 별처럼 밝게 빛나기 바라신다. 그 일은 세상과 그 가치관을 올바로 이해할 때 가장 잘할 수 있다. 하나님이 이해하시는 대로 세상을 이해하기 시작하면 못쓰게 된 세상을 새롭게 하는 일에 선한 양심을 가지고 참여할 수 있다. 이렇게 함으로써 창조주이시고 구주이신 분을 기쁘시게 할 수 있다.

5. 육신과의 전투

―――― R. C. 스프로울 ――――

"마음에는 원이로되 육신이 약하도다"(마 26:41). 이 말씀은 하나님의 모든 자녀가 겪는 깊은 갈등을 나타낸다. 신약성경은 육체와 영혼 간의 전쟁에 대해 말한다. 육체는 루터의 세 원수, 즉 세상, 육체, 마귀에 포함된다.

그렇다면 성경이 말하는 '육체'란 무엇인가? 신자를 하나님 중심적이고 하나님을 기쁘시게 하는 삶에서 벗어나게 할 수 있는 무엇이 육체 안에 있는가?

육신 – 몸인가 타락인가?

'육신'이라는 단어를 사용할 때 우리는 대개 '사람의 육체적 본성'이란 뜻으로 사용한다. 한편으로 육체는 우리 몸을 구성하는 실체를 가리킨다. 그래서 우리는 '육성'(肉聲), '육체로' 나타남, '볕에 그을린 육체', '달아오른 몸', '골육'이라는 표현을 쓰고, '내 골육'인 친척에 관해 말한다.

인간의 육체는 물리적인 것이기 때문에 육체와 영혼에 관한 성경 말씀을 몸과 정신의 전쟁으로 보고 싶은 유혹을 받는다. 그러나 이것은 오해다. 성경에서 '육체'라고 할 때는 몸을 가리키기도 하고 몸이외의 것을 가리키기도 한다. 이제 성경이 육체에 관해 말하는 여러 가지 의미를 살펴보겠다.

신약성경에는 육체로 번역되는 두 개의 헬라어가 있다. 곧 '소마'(soma)와 '사륵스'(sarx)다. '소마'란 단어는 대개 몸을 가리키는 데 쓰인다(영어권에는 '사이코소매틱' [psychosomatic, 신체와 정신의]이란 단어가 있다. 이것은 육체, 또는 몸이란 뜻의 소마와 정신이란 뜻의 프슈케가 합성된 단어다). 헬라어 신약성경에는 '소마'라는 단어에 죄악이나 타락이란 뜻이 담겨 있지 않다. 그것은 단순히 몸을 가리키는 데 쓰인 단어다.

하지만 '사륵스'의 경우는 다르다. 때로 이 단어는 몸을 가리키면서 다른 것을 뜻하기도 한다. 즉 단순히 몸을 가리킬 수도 있고(소마처럼) 사람의 타락한 본성을 가리킬 수도 있다.

요한복음이 "말씀이 육신이 되어 우리 가운데 거하시매"(1:14)라고 할 때의 의미는 말씀이 타락했다는 뜻이 아니다. 단순히 영원한 로고스, 곧 말씀이 친히 인간의 본성을 취하셨다는 뜻이다. 다시 말해 말씀이 성육신(成肉身)하셨다는 뜻이다. 이와 마찬가지로 바울은 동족에 관해 말할 때 "골육"이라고 표현한다(롬 9:3). 여기서 그는 타락한 모든 인간이 아니라 자신의 동족 유대인들을 언급하고 있다. 바울의 골육은 동족 이스라엘 사람들이다. 때문에 그는 그들을 우리가 이 땅의 친척, 곧 우리의 "골육"을 묘사할 때와 같은 식으로 말했다.

그러나 성경이 구체적으로 우리의 타락한 본성을 가리키는 데 사륵스를 사용한 특수한 경우가 있다. 여기서 사륵스는 우리의 타락을 표시하며, 결코 우리 몸에 한정되지 않는다. 죄는 우리 존재의 모든 면을 감염시킨다. 즉 전인(全人)이 타락한다. 본성상 우리는 "육신의 생각"(골 2:18)을 가지고 있다. 정신이나 육체 가릴 것 없이 타락했다. 둘 다 하나님을 기쁘시게 하지 않고 자기를 기쁘게 하는 데 맞물려 있다.

육신의 생각

'육신의 생각'은 단순히 '육체적 악에 관한 악한 생각'을 가리키는 것이 아니다. 육신의 생각은 하나님을 거스르는 사고방식을 지닌 정신이다. 그것은 마음에 하나님 두기를 원치 않는 타락한 인간의 정신이며, 성령의 인도하심을 받지 않는 사람의 정신이다.

바울은 육체(사륵스)와 성령(프뉴마) 사이에 계속되는 전쟁에 관해 설명한다. 갈라디아서 5장 16-21절이 설명하는 대조는 사람의 영혼과 육체 사이의 대조가 아니라 영, 곧 성령의 인도하심을 받는 삶과 육체(사람의 타락한 본성)를 섬기는 삶과의 대조다.

"내가 이르노니 너희는 성령을 따라 행하라 그리하면 육체의 욕심을 이루지 아니하리라 육체의 소욕은 성령을 거스르고 성령은 육체를 거스르나니 이 둘이 서로 대적함으로 너희가 원하는 것을 하지 못하게 하려 함이니라 너희가 만일 성령의 인도하시는 바가 되면 율법 아래에 있지 아니하리라 육체의 일은 분명하니 곧 음행과 더러운 것과 호색과 우상숭배와 주술과 원수 맺는 것과 분쟁과 시기와 분냄과 당

짓는 것과 분열함과 이단과 투기와 술 취함과 방탕함과 또 그와 같은 것들이라 전에 너희에게 경계한 것같이 경계하노니 이런 일을 하는 자들은 하나님의 나라를 유업으로 받지 못할 것이요"(갈 5:16-21).

여기서 우리는 육체와 성령의 엄격한 대조를 본다. 이것은 몸과 정신의 갈등이 아니라 타락한 본성의 지배를 받는 옛사람과 하나님의 영이 내주하시는 새사람 간의 갈등이다. 여기서 성령과 육체는 반(反)한다. 화해할 수 없는 투쟁을 벌이고 있다. 본성이 타락한 육체는 성령께서 우리 삶을 주관하시는 것을 거부한다. 즉 육체는 성령을 거스르고 성령을 극복하려고 한다.

마찬가지로 성령은 육체의 원수다. 육체가 싫어하는 것을 성령은 원하신다. 의를 원하고, 성령의 열매를 구하신다.

두 개의 목록이 이러한 대조를 생생하게 보여준다. 두 번째 목록은 그리스도인들에게 잘 알려져 있다. 그것은 사랑과 희락과 화평 같은 성령의 열매다. 하지만 오늘날 우리의 관심은 첫 번째 목록에 있다. 그것은 바로 육체의 일이다.

육체의 일에 관한 목록을 살펴보면 한 가지 요소가 우리를 놀라게 한다. 그 목록에는 우리 육체에 관련된 죄들과 함께 비교적 비육체적 성격을 지닌 죄들이 포함되어 있다. 목록에는 음행과 술 취함이 있다. 이런 것들은 우리가 육체의 욕구와 신체적 기능을 가지고 저지르는 죄다. 그런데 같은 목록에서 투기, 시기, 우상숭배 같은 것들도 발견된다.

물론 투기와 시기 등을 저지를 때는 우리 몸이 관련된다. 그러나 투기는 육체적 행위보다는 정신적 태도와 관련이 있다. 그것은 곧 우리의 정신, 우리의 사고 과정과 밀접하다. 우상숭배에도 우리 몸을 사용할 수 있지만 우상숭배의 본질은 몸짓보다는 마음의 내면적 태도다.

그렇다면 이렇게 결론짓게 된다. 신약성경이 성령과 직접 대조하여 육체(사륵스)를 말할 때 주로 언급하는 것은 몸이 아니라 전인을 포함하는 우리의 타락한 본성, 즉 두 가지 생활 방식 간의 갈등이다. 다시 말해 죄에 대한 욕구에 지배를 받는 육체적인 삶과 하나님을 기쁘시게 하는 삶, 즉 의로 우리를 인도하는 성령의 갈등이다.

성령의 인도하심

의가 주로 외면적인 육체적 행위로 이루어진다고 생각하는 큰 오류에 빠지지 않으려면 성령의 인도하심을 반드시 이해해야 한다. 하나님 나라는 먹고 마시는 것을 초월한다. 만약 우리가 외적인 것에만 초점을 맞춘다면 의를 외적이고 만질 수 있는 행동으로 측정한 바리새주의의 함정에 빠질 수 있다. 친절한 웃음으로 마음에 가득한 시기를 감출 수 있다. 정중한 태도로 질투를 숨길 수 있다. 성령께서는 외면이든 내면이든 우리의 삶 전체를 깨끗하게 하기 원하신다.

동시에 의를 내면의 영역으로 축소시키는 반대편 오류에 대해서도 주의해야 한다. 그러지 않으면 문제되는 모든 것은 우리의 내면적 태도라고 생각하는 우를 범할 수 있다. 정신만 옳다면 겉으로 어떻게 행동하든 문제가 되지 않는다는 식으로 말이다. 이것은 자기기만이다. 많은 사람이 이런 생각으로 온갖 죄를 정당화한다. '사랑'이 간음을 정당화하는 것이다. 그런 논리 때문에 청소년들도 사랑하기 때문에 그랬다는 말로 간음을 변명한다. 물론 육체가 육체적 죄나 성향만을 가리키는 것은 아니지만 그것들을 포함한다는 점을 이해해야 한다. 우리 삶에는 타락한 본성으로 얼룩지고 그것에 영향을 받는 강력한 육체적 세력이 있다. 육체적 욕구는 길들이기가 매우 어렵다. 일관성도 없고 일정하지가 않다. 각기 다른 강도의 물결로 다가온다. 저녁 식사를 한 뒤에 다이어트를 결심하기는 쉽다. 하지만 저녁 식사 전의 시장기가 우리의 의지를 공격할 때는 상황이 달라진다.

성령님은 우리에게 절제를 가르쳐주기 원하신다. 하나님은 우리에게 육체의 욕구를 억제하고 그것에 재갈을 물리라고 하신다. 식욕 자체는 죄가 아니다. 우리 몸의 정상적인 기능이다. 그러나 식욕을 절제하지 못하면 폭식을 하게 된다.

성 충동도 그것 자체로는 악하지 않은 자연스런 욕구다. 하나님은 성 표출이 허용될 뿐 아니라 명령되기도 하는 장으로 결혼을 허락하셨다. 따라서 우리는 배우자에 대한 성적 권리뿐 아니라 의무도 가지고 있다. 하지만 결혼 밖에서는 성행위를 삼가야 한다. 하나님은 성을 지으셨다. 신체적 자극에 대단히 민감하게 반응하는 복잡한 말초신경 조직을 지닌 몸을 지으셨다.

하나님은 우리에게 그와 같은 육체적 쾌락 없이 자손을 낳을 수 있는 능력을 부여하실 수 있었다. 마찬가지로 맛의 즐거움이라는 부가적인 유익 없이 우리가 음식을 먹게 하실 수 있었다. 그러나 하나님은 더 나은 방법을 택하셨다. 성은 거기에 따르는 모든 신체적 즐거움과 함께 주어진 하나님의 선물이다. 하지만 그 선물을 사용할 때는 하나님이 정하신 규제가 따라온다. 죄는 하나님의 선물을 오용하는 것이다. 하나님이 허락하지 않으신 방법으로 그 선물을 사용하는 것이다.

간음을 한 어떤 사람이 "내 성기관은 양심을 갖고 있지 않아요."라고 주장하는 말을 들은 적이 있다. 자기 몸이 행한 일에 책임이 없다는 근거로 자신의 신체 일부분에 핑계를 대고 있었다. 나는 그의 성기관이 양심-그의 정신-을 갖고 있다고 설명했다. 우리 몸은 정신의 지배를 받아야 한다. 그리고 그 정신은 하나님이 정하신 율법의 지배를 받아야 한다.

물론 우리 몸에는 무의식적인 신체적 충동이 있다. 윤리적인 생각으로 심장이 뛰게 할 수 없다. 그러나 모든 신체 행위가 다 무의식적이지는 않다. 하나님은 우리에게 성행위를 통제하라고 하신다. 성적 매력에 대한 인식은 통제할 수 없을지라도 그것을 행동으로 옮기는 것은 통제할 수 있다.

루터는 정욕이 갖고 있는 여러 가지 문제를 말한 적이 있다. 정욕은 어떤 여성이 성적 매력이 있다는 것을 의식하는 게 아니다. 정욕은 단순한 의식을 상상으로 몰입시킬 때 생긴다. 성에 관한 생각을 마음에 품고 자라게 할 때 단순한 의식이 정욕으로 발전하게 된다.

루터는 그것을 이렇게 설명했다. "새가 우리 머리 위를 날아가는 것은 막을 수 없다. 하지만 새가 우리 머리에 둥지를 틀도록 놔두는 것은 전혀 별개의 문제다."

절제는 성행위의 규율이다. 우리는 하나님 앞에서 성행위에 대해 책임을 져야 한다. 성경은 다음과 같이 분명하게 말한다. "음행과 온갖 더러운 것과 탐욕은 너희 중에서 그 이름조차도 부르지 말라 이는 성도에게 마땅한 바니라"(엡 5:3).

이 절대적인 금령은 사람들에게 알려진 모든 교묘한 핑계로 공박을 받아왔다. 정신과 의사들은 혈기 왕성한 청년들에게 음행이 매우 자연스럽고 정상적인 일이라고 말한다. 부분적으로는 그들의 평가가 옳다. 사람은 본능적으로 그런 행위에 쏠린다는 점에서 그렇다. 그 행위의 대단히 높은 빈도수를 고려할 때 그것은 정상적이며, 음행은 타락한 인류에게 매우 자연스럽다고 말할 수 있다. 하지만 그것은 거짓말이다. 하나님은 그것을 금하신다.

정절을 지키는 것이 극히 어려울 수 있다. 특히 성적 금기가 사라지고 우리의 감각이 매일 호색적인 자극으로 폭격을 당하는 문화에서는 더욱 그렇다. 그러나 하나님의 율법은 분명하다. 하나님은 "안 된다!"고 말씀하신다. 타락한 문화에 섞여 살더라도 자신을 통제하라고 하신다.

동성애의 성향을 갖고 있는 사람의 곤경을 생각해보자. 이 사람은 심각한 딜레마에 빠져 고민한다. 하나님은 남자와 남자, 여자와 여자 사이의 성행위를 분명하게 허용치 않으신다. 동성애 성향을 갖고 있지 않은 사람에게 혼외정사를 금하시듯, 동성애 성향을 갖고 있는 사람에게도 똑같이 정절을 요구하신다. 하나님은 동성애적 결혼에 아무런 발판도 마련해주시지 않는다. 동성애자들에게도 그렇지 않은 독신들과 똑같이 정절을 지키라고 요구하신다. 이와 같이 정절은 하나님을 기쁘시게 한다. 처음에는 우리 육체에 그리 유쾌하지 않은 것처럼 보일지라도 말이다.

물론 성적 정절은 육체의 연약함 때문에 성취하기가 어렵다. 그러나 성취 불가능한 것은 아니다. 따라서 하나님은 우리에게 그것을 성취하라고 명령하신다. 그것에 실패하면 죄를 짓게 된다. 우리는 죄에 빠지는 사람들에 대해 인내해야 하지만, 하나님의 표준을 변경하여 우리의 미약한 행위 수준으로 낮추면서까지 용인하는 것은 옳지 못하다. 하나님의 표준을 변경하고 선을 악이라 하고 악을 선이라 하는 것은 하나님께 무례히 행하는 것이다.

육체는 세상과 동지다. 칭의를 그리스도의 의에서 얻으려 하지 않고 이 세상의 표준으로부터 얻으려 하기 때문이다. 그렇게 육체는 세상과 동지이며 세상은 사탄과 동지다. 원수는 우리를 성령에게서 끌어내 육체에 굴복시킴으로써 우리를 파멸시키려 한다.

반면 성령은 신자의 동지다. 하나님의 자녀들이 자기들을 도우실 성령이 계시다는 사실을 잊은 채 이 타락한 세상을 동지로 생각하는 것이 얼마나 슬픈 일인지 모른다. 육체가 인간의 행동을 지배하는 듯 보이는 이 세상에서 성령님은 여전히 우리 안에서 하나님의 백성들이 하나님을 기쁘시게 할 수 있도록 도우신다.

6. 마귀

R. C. 스프로울

세상, 육체, 마귀, 이 세 원수 중에서 가장 가공할 만한 원수는 마귀다. 사탄은 우리의 평범한 원수가 아니다. 그야말로 철천지원수다. 그는 어둠의 주관자, 거짓의 아비, 형제들의 참소자, 간교한 뱀이라 불린다.

사도 바울은 마귀의 세력과 치르는 우리의 전투가 이 세상의 볼 수 있고 만질 수 있는 요소들을 초월한다고 경고한다. "우리의 씨름은 혈과 육을 상대하는 것이 아니요 통치자들과 권세들과 이 어두움의 세상 주관자들과 하늘에 있는 악의 영들을 상대함이라"(엡 6:12).

즉 우리는 거룩하신 하나님을 기쁘시게 하기 위해 우리의 소소한 정욕만을 상대로 싸우는 것이 아니라 두렵고 가공할 세력들과도 맞서 싸우고 있다.

우리가 마귀와 맞서 싸우는 가운데 반드시 이해해야 할 첫 번째 사항은 실제로 마귀가 있다는 사실이다. 사회의 많은 부분에서, 심지어 일부 교회에서조차 마귀라는 실재가 있다는 개념을 원시적 신화로 간주한다.

언젠가 서양철학 수업 시간에 학생들에게 다음과 같이 질문한 적이 있다. "여러분 중 마귀가 실제로 존재한다고 믿는 사람이 얼마나 됩니까?"

정원이 30명인 그 학과에서는 세 명만 마귀가 존재한다고 답했다. 나머지 스물일곱 명은 마귀가 신화라고 생각한다고 했다. 나는 학생들에게 다시 물었다. "여러분 중 하나님의 존재를 믿는 사람은 얼마나 됩니까?"

놀랍게도 서른 명 모두 하나님을 믿는다고 대답했다. 그래서 다음 질문을 했다. "여러분 중 하나님이 사람들에게 선을 행할 수 있게 하는 영향력을 가진 영적 존재라고 정의하는 사람은 얼마나 됩니까?" 그러자 그들 모두 그 정의를 인정한다고 대답했다.

"여러분은 왜 선한 영향을 끼칠 능력을 지닌 영적 존재를 인정하면서 악한 영향을 끼칠 능력을 지닌 영적 존재는 인정하지 않습니까?"

그 질문에 대해 내가 들은 기본적인 대답은 이랬다. "현대 과학은 교육받은 사람들로 하여금 마귀를 믿지 못하게 만들었습니다." 그래서 나는 이렇게 질문했다. "현대 과학의 어떠한 발견이 사탄을 더 이상 신빙성 없는 것으로 만들었습니까? 열역학 제2법칙인가요? 핵융합이나 핵분열을 지배하는 법칙들인가요? 무엇인가요?"

이 질문을 던지자 처음에는 물을 끼얹은 듯 잠잠했다. 한 학생도 그러한 과학적 발견을 구체적으로 제시하지 못했다. 한참 있다가 어떤 학생이 이렇게 말했다.

"마귀의 개념은 유령과 도깨비의 범주에 어울리는 듯합니다. 끝이 둘로 갈라진 모자가 달린 붉은 옷을 입고, 뿔이 달리고 쇠스랑을 든 불길한 존재를 누가 믿을 수 있겠습니까!"

그 학생은 성경에 등장하는 마귀의 상을 말하지 않았다. 그가 사탄에 대해 갖고 있는 이미지는 만화 같은 것이었다. 즉 그가 생각하는 마귀는 성인의 날 축제에서 도망쳐나오는 자였다.

교만하고 강한 사탄

붉은 옷을 입고 쇠스랑을 든 마귀의 개념은 어디서 유래했을까?

이런 기괴한 사탄의 이미지는 중세시대에 그 뿌리를 둔다. 중세 때는 사탄을 매우 우스꽝스럽게 묘사하여 조롱하는 게 인기 있는 놀이였다. 그리고 이 광적인 놀이에는 나름의 방법이 있었다.

중세교회는 사탄의 실재를 믿었다. 사탄이 지나친 교만으로 고통을 겪는 타락한 천사라고 생각했다. 교만은 사탄에게 가장 큰 약점이었다.

그와 같이 교만하고도 타락한 피조물인 사탄을 거부하기 위해서는 격렬한 전투를 벌여야 했고, 그 전투는 사탄의 가장 취약점인 교만에 초점이 맞춰졌다. 즉 사탄의 취약점을 공격하면 그가 우리에게서 도망칠 거라는 논리였다.

두 갈래 난 모자를 쓴 궁정 어릿광대로 묘사하는 것보다 사탄의 교만을 공격하는 데 더 좋은 방법이 어디 있겠는가! 이처럼 우스꽝스런 사탄의 상은 고의적인 풍자였다.

그러나 불행하게도 후세대들은 그 풍자를 마치 실물인 것처럼 받아들였다.

사실 사탄에 대한 성경적 견해는 그 풍자보다 훨씬 더 세련된 것이다. 성경에 나오는 이미지에는 "광명의 천사"가 포함되어 있다(고후 11:14). "광명의 천사"는 자신을 숩 스페키에스 보니(sub species boni, 선한 모습으로)로 나타내는 사탄의 탁월한 능력을 가리킨다. 그는 간교한 존재이며, 사람들을 속인다. 에덴동산에 있던 뱀도 "간교"하다고 묘사되었다(창 3:1).

이와 같이 사탄은 결코 바보로 등장하지 않는다. 그는 간교한 사기꾼이며, 웅변이 뛰어나다. 외모는 놀랄 만큼 아름답다. 어둠의 주관자이지만 광명의 옷을 입고 다닌다.

사탄에 대해 우리가 갖고 있는 두 번째 이미지는 울부짖으며 삼킬 자를 찾아 두루 다니는 사자다(벧전 5:8). 그리스도를 상징하는 데 쓰인 표상인 사자가 적그리스도의 원형인 사탄에게도 사용된다는 점을 눈여겨보라. 그 적(敵)인 사자는 게걸스러운 반면 유다의 사자는 구속하신다.

두 사자의 인유(引喩)에서 우리는 힘의 상징을 발견한다. 물론 사탄의 힘은 악하고 마귀적인 힘이다. 사탄의 힘은 그리스도의 힘과 감히 비교할 수 없지만 우리보다 뛰어난 것만은 틀림없다. 다시 말해 그는 그리스도만큼 강하지 않지만 우리보다는 강하다.

사탄이 우리를 속이는 데 주로 사용하는 방법 두 가지가 있다. 그는 한편으로 자신의 힘을 과소평가하게 만든다. 또 다른 한편으로는 그의 힘을 과대평가하게 만든다. 어느 경우든 그는 우리를 속이고 우리를 걸려 넘어지게 할 수 있다.

사탄에 관한 통설의 추는 이렇게 양 극단 사이를 왔다 갔다 한다.

그래서 한편으로는 사탄이 아예 존재하지 않는다고 믿는, 존재하더라도 사회악에 근원을 두는 일종의 집합적인 악이고, 비인격적인 악의 '세력'이라고 믿는 사람들이 있다. 그리고 반대로 사탄에 대한 밀교(密敎)적 관심이 너무 커서 그리스도를 바라보지 못하는 사람들이 있다. 두 경우 모두 사탄이 어느 정도의 입지를 얻는다.

사탄은 만약 사람들에게 자신이 존재하지 않는다고 현혹할 수 있다면 감지되거나 배척되지 않은 채 자신의 간계를 실행할 수 있다. 또 자신에 관해 사람들이 심취하게 만들 수 있다면 그들을 밀교로 끌어들일 수 있다.

일례로 베드로는 사탄을 과소평가했다. 예수께서 베드로에게 그의 임박한 배반을 경고하셨을 때 베드로는 손을 내저으면서 "주여 내가 주와 함께 옥에도, 죽는 데에도 가기를 각오하였나이다"라고 부인했다(눅 22:33).

그는 자신의 능력을 과신했고 대적의 힘을 과소평가했다. 바로 직전에 예수께서 사탄의 힘에 관해 말씀하시면서 그에게 경고하셨는데도 그 경고를 일축했다.

예수님은 "시몬아, 시몬아, 보라 사탄이 너희를 밀 까부르듯 하려고 요구하였으나"라고 말씀하셨다(눅 22:31).

베드로는 그렇지 않다고 말했지만, 사실상 그는 사탄의 손아귀에 든 찰흙과 같이 되었다.

사탄으로서는 마치 밀 까부르듯 베드로를 쉽게 유혹할 수 있었다. 요즘 말로 예수님은 베드로에게 "베드로야, 너는 아주 손쉬운 상대다. 가공할 만한 힘을 가진 마귀에게 도무지 상대가 되지 않는다"고 말씀하신 셈이었다.

그럴지라도 사탄이 우리에게 발휘할 수 있는 능력은 제한되어 있다. 그는 우리보다 강할지 모르나 우리에게는 그를 물리칠 수 있고 실제로 물리치시는 옹호자가 계시다.

성경은 이렇게 말한다. "너희 안에 계신 이가 세상에 있는 자보다 크심이라"(요일 4:4). 야고보도 다음과 같이 덧붙인다. "그런즉 너희는 하나님께 복종할지어다 마귀를 대적하라 그리하면 너희를 피하리라"(약 4:7).

그러므로 우리가 성령의 권능을 힘입어 우는 사자를 대적하면, 그는 다리 사이에 꼬리를 감추고 도망친다.

사탄이 베드로를 밀 까부르듯 했지만 그것은 잠시뿐이었다. 예수님은 경고와 함께 위로도 주셨다. 베드로의 타락과 돌이킴을 동시에 예고하셨다. "그러나 내가 너를 위하여 네 믿음이 떨어지지 않기를 기도하였노니 너는 돌이킨 후에 네 형제를 굳게 하라"(눅 22:32).

사탄을 과소평가하면 멸망의 선봉인 교만 때문에 고통을 당하게 된다. 반대로 그를 과대평가하면 그에게 과분한 영예와 존경을 주게 된다.

사탄은 피조물이다. 유한하고 제한된, 하나님께 종속된 존재다. 기독교는 동등한 대립 세력으로 이루어진 궁극적 이원론을 결코 포용하지 않는다. 사탄은 사람들보다 강하지만 하나님에는 비할 수 없다. 신적 속성을 갖고 있지 않다. 그의 지식은 우리들보다 크지만 전지하지 않다. 그의 능력도 우리 능력보다 클 뿐 전능하지는 않다. 우리보다 영향력의 폭도 넓지만 편재(偏在)하지는 못한다.

사탄은 우리와 마찬가지로 한 장소 이상을 동시에 차지할 수 없다. 선하든 악하든 모든 천사가 시공의 제약을 받는 것처럼 그도 동일한 제약을 받는다. 확률로 보더라도 우리가 평생 사탄을 직접 대면할 기회는 거의 없을 것이다. 사탄의 하급 부하 중 하나나 무리 중 하나를 대면할 수 있을지 몰라도 사탄으로서는 우리보다 더 큰 표적을 대면하기 위해 자신의 시간과 공간을 사용할 것이다. 심지어 예수님을 집중 공격할 때조차 사탄은 "얼마 동안" 예수님으로부터 떠나 있었다(눅 4:13).

귀신에 대한 지나친 관심?

요즘 사탄에 대한 관심이 다시 고개를 들고 있다. 할리우드는 밀교에 대한 대중의 욕구를 자극하기 위해 '엑소시스트'(The Exorcist)와 '오멘'(The Omen) 같은 유의 영화를 많이 내놓았다. 기독교 내에서도 귀신 추방 사역에 대한 새로운 관심이 대두되어 왔다. 이 사역의 일부는 귀신들림과 축출에 관한 기괴하고도 극단적인 비성경적 견해를 발전시켰다.

예를 들면 특정 단계의 예속과 관련된 뚜렷한 표시에 의해 귀신이 인간의 영혼에게서 떠나는 것을 알 수 있다는 말을 듣는다. 즉 특정 귀신이 특정 죄를 일으킨다는 것이다.

그들은 술 귀신, 우울증 귀신, 담배 귀신 따위가 있다고 한다. 이와 같이 귀신 추방 사역으로 유명한 목사들의 설교를 담은 테이프를 들은 적이 있다(이름은 그분들의 명예를 위해 언급하지 않겠다). 내가 들은 바에 따르면 그들은 귀신이 떠났음을 알려주는 표시들을 가르친다. 예를 들어 한숨은 담배 귀신이 떠났음을 가리킨다. 담배 귀신은 숨을 들이쉴 때 들어오므로 숨을 크게 내쉴 때 나간다는 것이다. 이와 비슷하게 구토는 술 귀신이 떠났다는 상징일 수 있다. 파악 가능한 모든 죄에 귀신이 있다고 한다. 그리고 이러한 귀신 하나하나를 다 내쫓아야 할 뿐 아니라 그들이 일상에 다시 돌아오지 못하도록 막는 데 필요한 절차들이 있다고 한다.

나는 이런 식의 가르침에 점잖게 대응할 방법을 알지 못한다. 그야말로 당치도 않은 소리다. 성경 어디에서도 귀신에 의한 이런 식의 증상을 암시하는 곳을 찾을 수 없다. 이런 가르침은 마술의 선을 넘는 것이며 그들에게 속는 신자들에게 치명적인 해를 끼친다.

슬프게도 사탄과 귀신에 대하여 지나치게 큰 관심이 형성되어 있다는 것은 우리가 그리스도께 초점을 덜 맞추고 있음을 뜻한다. 그것은 틀림없이 하나님을 기쁘시게 하지 못하고 사탄을 기쁘게 만들 것이다.

성경은 사탄이 우리를 억압하고 공격하고 유혹하고 비방하고 고소할 수 있다고 말한다. 그러나 성령께서 내주하시는 그리스도인은 귀신에게 사로잡힐 수 없다.

주의 성령이 계시는 곳에는 자유가 있다. 성령이 내주하시는 사람이 동시에 악한 영의 지배를 당할 수 있다면 우리의 구속은 물거품으로 돌아간다.

사탄과 귀신들을 이토록 지나치게 강조하는 추세는 또 하나의 중대한 위협인, 바로 우리 죄로부터 눈길을 돌리게 만든다.

물론 마귀가 있다. 귀신도 있다. 그러나 죄의 실재도 있다. 우리가 계속 죄를 짓는 데 사탄이 동조할 수 있지만 자기 죄에 대한 추궁과 책임을 귀신에게만 떠넘길 수는 없다. 꼭 마귀에게 사로잡혀야만 술에 취하는 건 아니다. 스스로 술 취할 수 있는 악한 성향이 우리 속에 충분히 자리잡고 있다.

때문에 우리는 "마귀가 내게 이 일을 하도록 만들었어요."라고 말할 수 없다. 사탄에게 유혹을 받았다거나 충동을 받았다고 말할 수는 있어도 사탄의 지배를 받았다거나 협박을 받았다고는 말할 수 없다.

또 우리 죄가 귀신들의 지배에 의한 결과라고 보는 견해에는 두 가지 심각한 문제가 있다.

첫 번째는 유혹에 굴복해도 자기 죄에 대한 개인적인 책임이 없다고 보는 것이다. 사실상 유혹을 거역할 힘이 없는데 어떻게 책임을 질 수 있겠는가.

두 번째 문제는 귀신 추방 사역에 힘입지 않고는 스스로 어쩔 수 없다고 생각하게 되는 것이다. 그런 논리에서는 우리에게 실제로 죄책이 없고, 귀신을 강력하게 추방하는 사역에 힘입지 않으면 절망 상태에 놓인다고 생각하게 된다.

이런 생각은 성경 전체가 가르치는 성화의 개념을 부정한다. 이른바 귀신 추방 전문가가 전투에 개입하지 않으면 하나님을 기쁘시게 할 수 없다고 가르치는 건 정말로 성경에 위배된다. 그러므로 나는 매우 시급하게 말한다. 그런 교훈을 가르치는 사람들로부터 떠나라. 당신의 영적 생명을 보존하기 위해 도망쳐라.

유혹자와 아담

그렇다면 사탄은 우리에게 무슨 일을 할 수 있을까? 사탄이 우리를 공격할 때 사용하는 방법에는 크게 두 가지가 있다. 바로 유혹과 고소다. 고소에 대해서는 다음 장에서 자세히 언급하기로 하고 여기서는 유혹자로서 하는 일을 살펴보겠다.

사탄의 유혹은 아담과 하와의 타락을 기록하는 창세기와 예수님의 광야 시험 기사에서 가장 극적으로 나타난다. 그리고 이 두 기사에는 몇 가지 비슷한 점과 다른 점이 있다.

에덴동산에서 뱀은 악의 없게 들리는 질문으로 하와에게 접근했다. "하나님이 참으로 너희에게 동산 모든 나무의 열매를 먹지 말라 하시더냐"(창 3:1).

표면상 이 질문은 단순해 보인다. 사탄은 하나님의 규율과 금령의 가혹함이 의외라는 듯 놀라는 표정을 짓고 있다. "하나님이 정말로 동산의 모든 나무 열매를 먹지 말라고 하셨단 말이야?" 이 질문에는 명백한 왜곡이 담겨 있다. 그러나 하와는 마귀에게 다음과 같이 말했다. "동산 나무의 열매를 우리가 먹을 수 있으나 동산 중앙에 있는 나무의 열매는 하나님의 말씀에 너희는 먹지도 말고 만지지도 말라 너희가 죽을까 하노라"(창 3:2-3).

하나님은 아담과 하와에게 동산을 자유롭게 사용하도록 내주셨다. 다만 한 가지 예외가 있었다. 나무 한 그루에 대해 금령을 내리신 것이다. 나머지는 마음껏 사용할 수 있었다. 그런데도 사탄은 "하나님이 참으로 너희에게 동산 모든 나무의 열매를 먹지 말라 하시더냐"고 물었다.

여기서 뱀의 간계를 볼 수 있다. 그의 질문에는 만약 하나님이 인간의 자유에 한 가지 제약을 두셨다면 그것은 모든 자유를 앗아간 것이나 다름없다는 주장이 깔려 있다.

따라서 뱀의 질문은 질문 이상의 의미가 있었다. 곧 하나님의 공평과 인자를 비판하는 것이었다.

부모가 금하는 것들에 대해 어린이들이 나타내는 반응에서도 이와 비슷한 모습을 볼 수 있다.

어린이들이 부모에게 열 가지 일을 해도 되냐고 물었을 때 부모가 아홉 가지는 허락하고 나머지 한 가지는 금지할 경우, 어린이들은 한결같이 "부모님은 저에게 아무 일도 못하게 하세요!"라고 불평한다. 어른들도 다를 바 없다.

사탄의 질문은 하나님의 정직을 간접적으로 공격하는 것이다. 이렇게 간접적으로 공격하던 그는 이내 전면적으로 공격하고 나섰다. 하와가 사실을 밝히면서 하나님의 금령으로 나무 한 그루만 금지되었다고 말하자, 사탄은 다음과 같이 대담하게 주장했다. "뱀이 여자에게 이르되 너희가 결코 죽지 아니하리라 너희가 그것을 먹는 날에는 너희 눈이 밝아져 하나님과 같이 되어 선악을 알 줄 하나님이 아심이니라"(창 3:4-5).

"너희가 결코 죽지 아니하리라"는 뻔뻔스런 거짓말에 유혹이 싸여 있다. 뱀은 하나님의 말씀을 정면으로 반박한다. 하나님이 거짓말을 하신 것이라고 비난한다. "너희는 죽지 않는다. 하나님은 너희가 죽을 거라고 하시지만 나는 너희가 죽지 않을 거라고 말한다."

쟁점은 '누구의 말이 사실인가?' 하는 것이다. 예수님은 사탄을 가리켜 "거짓말쟁이요 거짓의 아비"라고 하셨다(요 8:44). 실제로 사탄이 하와를 유혹할 때 사용한 방법은 하나님의 진실성을 공격하는 것이었다. 사탄은 하나님을 거짓말쟁이로 비판할 뿐 아니라 하나님이 거짓말을 하신 이유까지도 하와에게 제시했다. 하나님이 시기해서 아담과 하와의 눈이 열리는 걸 원치 않으신다고 말이다. 그렇게 자신이 지니고 계신 수준 높은 지식을 자신에게만 제한해두려 하신다고 비난한다. 자신의 신성을 공유하기 원치 않으시며, 그 나무의 열매가 아담과 하와를 신으로 만들 것을 우려하셨다고, 하나님의 금령은 불공정할 뿐 아니라 이기적인 것이라고 설명한다.

그런 다음 사탄은 하나님의 정직성을 총체적으로 공격한다. 그리고 아담과 하와가 그 나무에 대해 권리를 갖고 있다고 주장한다. 하나님의 규율은 불공정한 것이라고, 사람은 비록 하나님을 기쁘시게 하지 못하더라도 자기가 하고 싶은 것을 할 수 있는 권리를 갖고 있다고 말이다.

사실 이런 유혹이 던져진 것은 이때가 마지막이 아니다. 이와 똑같이 악마적인 생각이 매일 인간의 정신에서 발생한다. 우리는 매번 죄를 지을 때마다 하나님이 내게 하기를 바라시는 일보다 내가 하고 싶은 일을 한다. 우리는 마음속 깊이 하나님의 율법이 공정하지 않다는 패역한 생각을 품고 있다.

유혹자와 그리스도

이번에는 그리스도께서 받으신 시험을 생각해보자. 첫째, 아담과 하와가 시험을 받던 상황과 예수께서 시험을 받으시던 상황이 어떻게 다른지 살펴보자. 아담이 받은 시험은 낙원 한복판에서 이루어졌다. 아담은 곁에서 위로해줄 사람이 있었다. 배가 고프지도 않았다. 손만 내밀면 맛있는 음식을 얼마든지 먹을 수 있었고, 모든 걸 쉽게 사용할 수 있었다.

이와 대조적으로 그리스도는 혼자였다. 고독한 중에 주변 환경도 최악이었다. 유대 광야는 전갈, 덤불, 그리고 새들의 서식처였다. 온정을 나눌 사람이 하나도 없는 상태에서 예수님은 사십 일 동안 조금도 음식을 드시지 못한 채 시험을 받으셨다. 드실 열매도 없었고 고를 나무도 없었다.

상황이 이렇게 판이한데도 아주 비슷한 점들이 있다. 우선 쟁점이 똑같았다. 바로 하나님 말씀의 진실성이다.

마귀는 예수님께 다가가 이렇게 말했다. "네가 만일 하나님의 아들이어든 이 돌들에게 명하여 떡이 되게 하라"(눅 4:3). 여기서 사탄이 "너는 하나님의 아들이니까……"라고 말하지 않은 점이 주목할 만하다. 강세는 '만일'이라는 단어에 있다. "네가 만일 하나님의 아들이어든……."

왜 만일인가? 성령께서 예수님을 광야로 내몰아 시험을 받게 하시기 직전에 예수님이 들으신 말씀이 무엇이었는가? 예수께서 세례를 받으셨을 때 하늘이 열리고 하나님이 들을 수 있는 소리로 "너는 내 사랑하는 아들이라 내가 너를 기뻐하노라"고 말씀하셨다(눅 3:22).

사탄이 '만일'이란 단어를 사용하여 교묘하게 주장한 내용은 이와 같다. "네가 정말로 하나님의 아들이라고 확신하느냐? 만일 네가 하나님께 그처럼 사랑을 받는 자라면 지금 여기서 무얼 하고 있느냐? 그토록 기뻐하시는 아들을 하나님이 이렇게 대하신단 말이냐? 네가 과연 하나님의 아들인지 어디 한번 확인해보자. 지금 무척 배고프지? 정말로 하나님의 아들이라면 돌 몇 덩어리로 떡을 만드는 건 하찮은 일 아닐까? 그런다고 해서 뭐 해로울 게 있을까?"

예수님은 곧바로 대답하셨다. 물론 배고프셨지만 의에 대한 주림이 밥에 대한 주림보다 더 크셨다. 예수님의 음식과 음료는 아버지의 뜻을 행하는 것이었기에 예수님은 이렇게 말씀하셨다. "사람이 떡으로만 살 것이 아니라"(눅 4:4).

예수님은 사탄의 간교한 말을 꿰뚫어 보셨다. 예수님의 마음에는 '만일'이란 게 없었다. 하나님께서 예수님이 하나님의 아들이라고 이미 말씀해주셨다. 예수님은 하나님의 말씀에 힘입어 사셨다. 아담은 유혹에 넘어가 하나님 말씀의 진실성을 부정했지만, 예수님은 한 발짝도 물러서지 않으셨다.

그러자 사탄은 전략을 바꾸었다. 이 세상의 모든 왕국을 다 보여주면서 이렇게 말했다. "이 모든 권위와 그 영광을 내가 네게 주리라 이것은 내게 넘겨준 것이므로 내가 원하는 자에게 주노라 그러므로 네가 만일 내게 절하면 다 네 것이 되리라"(눅 4:6-7).

권세와 영광은 매우 큰 유혹물이다. 사탄은 '사람은 누구나 자기 가치를 갖고 있다'는 공리로 무장했다. 그러나 예수님의 가치는 발견할 수 없었다. 이분은 훗날 "사람이 만일 온 천하를 얻고도 자기 목숨을 잃으면 무엇이 유익하리요"(막 8:36)라고 말씀하실 분이었다.

결국 예수님은 사탄에게 이렇게 대답하셨다. "기록된바 주 너의 하나님께 경배하고 다만 그를 섬기라 하였느니라"(눅 4:8). 이번에도 쟁점은 같다. 그것은 하나님 말씀에 대한 순종이었다. 사탄이 제안한 내용을 예수께서 받으시려면 하나님의 말씀을 포기해야 했다. 그러나 예수님은 성경을 가지고 사탄을 물리치셨다. 그분은 "기록된바"라 말씀하셨고, 신명기를 인용하셨다. 분명히 예수님은 우리 시대의 많은 사람보다 훨씬 더 모세오경을 중시하셨다. 바로 직전에 예수님은 사람이 하나님의 입에서 나오는 모든 말씀으로 산다고 말씀하셨다. 그런 다음 파기할 수 없는 말씀을 인용하셨다.

그러자 이번에는 사탄이 성경을 인용했다. 그는 다시 '만일'이란 단어를 사용했다. "네가 만일 하나님의 아들이어든 여기서 뛰어내리라 기록하였으되 하나님이 너를 위하여 그 사자들을 명하사 너를 지키게 하시리라 하였고 또한 그들이 손으로 너를 받들어 네 발이 돌에 부딪치지 않게 하시리라 하였느니라"(눅 4:9-11).

그럴듯해 보이지만 사실은 성경을 그대로 인용한 것이 아니다. 그가 한 말은 왜곡된 해석이었다. 성경을 성경과 대립시킴으로써 성경을 곡해했다. 죄를 정당화하기 위한 근거로 성경에 호소하며, 성령께 과격한 공격을 퍼부었다.

사탄의 말은 사실상 다음과 같은 뜻이었다. "좋아, 예수. 너는 성경을 믿는다고 말하지. 그렇다면 그걸 증명해봐! 하나님을 시험해봐. 여기서 뛰어내려. 천사들이 정말로 너를 받아주는지."

그의 말에 예수님은 이렇게 대답하셨다. "주 너의 하나님을 시험하지 말라"(눅 4:12).

예수님이 하신 말씀은 뜻이 분명했다. "나는 하나님의 약속들을 안다. 그러나 금령이 딸린 약속으로 나를 시험하려 들지 마라. 성경은 하나님을 시험해서는 안 된다고 말한다(신 6:16). 굳이 성전 꼭대기에서 뛰어내리지 않아도 나는 천사들이 나를 보호해준다는 것을 안다. 하나님이 그렇게 말씀하셨고, 나는 그 말씀을 확신한다."

이 대답에 담긴 아이러니는 마태복음에서 볼 수 있다. "이에 마귀는 예수를 떠나고 천사들이 나아와서 수종드니라"(마 4:11).

불신앙의 시험

아담과 예수님이 받은 두 시험에서의 쟁점은 하나님 말씀에 대한 신뢰성이다. 만약 사탄이 하나님 말씀의 정직성을 의심할 만한 상황이 된다면 우리가 타락할 여건이 마련되는 셈이다. 하나님의 말씀을 믿지 못하는 것이 모든 죄의 근원이다. 하나님의 진리를 제쳐둔 상태에서는 우리 눈에 옳게 보이는 대로 행동하는 것을 막을 장치가 없어진다. '우리의 일'을 하는 것이 불순종의 본질이다. 그리고 우리 눈에 옳은 것에만 계속해서 초점을 두면 하나님을 기쁘시게 하려는 노력을 할 수 없게 된다.

불신앙이 왜 죄인가? 하나님을 믿지 않는 것은 하나님의 의로운 성품을 비방하는 죄다. 그것은 하나님이 하시는 말씀을 하나님 자신이 모르신다고 주장하는 것이거나, 하나님의 말씀이 사실상 악하다고 주장하는 것이다. 어느 경우든 하나님의 정직성을 공격하는 셈이다. 하나님의 전지가 문제가 되든, 하나님의 의가 문제가 되든 둘 중 하나다.

하지만 맹목적인 신앙에는 결함이 있는 게 아닐까? 그렇다. 믿음과 경신(輕信) 사이에는 큰 차이가 있다. 경신은 어리숙함과 순진함이다. 그것은 미신과 비합리적인 편견에 기초를 둔다. 믿을 이유가 없는데 믿는 것은 덕이 아니다. 하나님은 그런 것을 요구하시지 않는다. 하나님은 친히 명확하고 뚜렷한 증거와 함께 말씀하신 것을 우리에게 믿으라고 요구하신다. 예수님을 무덤에서 일으키신 뒤에야 비로소 우리에게 부활을 믿으라고 하시는 것이다.

하나님이 장래에 대해 자신을 의지하라고 요구하시는 것은 맹목적인 의지가 아니다. 그것은 하나님의 완전한 업적에 근거한다. 하나님은 자신의 약속이 확실하다는 것을 거듭 역설하셨다. 늘 거짓말만 하고 번번이 약속을 어기는 사람은 아무리 믿으라고 해도 믿음이 생기지 않을 것이다.

그러나 하나님은 그런 분이 아니다. 그런 결함을 조금도 갖고 계시지 않다. 우리 자신에게서 발견하는 그런 부정직을 하나님께 전가해서는 안 된다.

로마 가톨릭교회는 우리가 주목할 만한 개념을 갖고 있다. 바로 '피데스 임플리키툼'(fides implicitum)이다. 이것은 신자가 기독교 교리를 가르치는 기관인 교회를 무오하다고 여기기 때문에 교회를 절대적으로 믿거나 맹목적으로 의지한다는 개념이다.

물론 교회가 실제로 무오하다면 교회에 그런 절대적 믿음을 부여하는 것이 정당하고 적절한 일일 것이다. 기관이든 사람이든 무오하다면 그런 믿음의 대상이 될 만하다. 하지만 나는 로마 가톨릭교회든 어느 교회든 무오하다고 믿지 않는다. 그러나 하나님은 무오하시다. 하나님께는 '피데스 임플리키툼'을 드려야 한다.

만약 사탄이 하나님에 대한 우리의 절대적 신뢰를 무너뜨릴 수 있다면 그의 목표가 달성되는 것이다. 그러면 우리는 불신앙의 시험에 떨어진다. 아담이 그랬다. 그는 하나님을 믿지 않았다. 하지만 두 번째 아담이신 예수님은 하나님 말씀에 힘입어 사셨다. 사탄은 아버지에 대한 예수님의 신뢰를 흔들 수 없었고, 예수님은 시험에 넘어가시지 않았다.

시험을 받으시기 전에 예수님은 자신을 아들로 인정하시는 아버지의 음성을 들으셨다. "이는 내 사랑하는 아들이요 내 기뻐하는 자라." 예수님이 시험을 이기셨을 때도 하나님께서 기뻐하셨다는 것을 우리는 분명히 느낄 수 있다. 예수님은 거짓말쟁이 사탄의 말과 하나님의 말씀을 잘 구분하셨다. 이기적인 의심과 회의 대신 신뢰와 믿음을 보이셨다. 그때나 지금이나 하나님은 자기 자녀들이 자신을 신뢰하는 데서 기쁨을 얻으신다.

7. 참소자 사탄

R. C. 스프로울

사탄은 유혹뿐 아니라 고소하는 일에도 가공할 힘을 발휘한다. 앞 장에서 우리는 시험자 사탄을 배척함으로써 하나님을 기쁘시게 할 수 있다는 것을 살펴보았다. 이 장에서는 우리가 죄를 짓더라도 고소자 사탄의 조롱을 귀담아 듣기보다 하나님의 자비에 우리 자신을 내맡기는 것을 하나님께서 기뻐하신다는 점을 살펴보고자 한다.

사악한 고소자

사탄은 하나님 백성의 고소자로서 자신을 성령으로 가장하여 우리를 도덕적 혼란이라는 수렁에 묻어버릴 수 있다. 그는 우리가 죄책감을 느껴야 할 때 평안을 느끼게 만들 수 있고, 평안해야 할 때 죄책감을 느끼도록 만들 수 있다.

스가랴는 사탄의 고소를 보여주는 사례를 기록한다.

"대제사장 여호수아는 여호와의 천사 앞에 섰고 사탄은 그의 오른쪽에 서서 그를 대적하는 것을 여호와께서 내게 보이시니라 여호와께서 사탄에게 이르시되 사탄아 여호와께서 너를 책망하노라 예루살렘을 택한 여호와께서 너를 책망하노라 이는 불에서 꺼낸 그슬린 나무가 아니냐 하실 때에 여호수아가 더러운 옷을 입고 천사 앞에 서 있는지라 여호와께서 자기 앞에 선 자들에게 명령하사 그 더러운 옷을 벗기라 하시고 또 여호수아에게 이르시되 내가 네 죄악을 제거하여 버렸으니 네게 아름다운 옷을 입히리라 하시기로 내가 말하되 정결한 관을 그의 머리에 씌우소서 하매 곧 정결한 관을 그 머리에 씌우며 옷을 입히고 여호와의 천사는 곁에 섰더라 여호와의 천사가 여호수아에게 증언하여 이르되 만군의 여호와의 말씀에 네가 만일 내 도를 행하며 내 규례를 지키면 네가 내 집을 다스릴 것이요 내 뜰을 지킬 것이며 내가 또 너로 여기 섰는 자들 가운데에 왕래하게 하리라"(슥 3:1-7).

여호수아는 더러운 옷을 입고 있었다. 그가 하나님 앞에 섰을 때 사탄은 그의 옷을 주목해서 보았다. 원수는 여호수아를 주님 앞에 고소했다. 실제로 그의 옷은 더러웠고, 사탄은 그의 취약점을 찔렀다. 그러나 주께서는 친히 택하신 자를 변호하셨다. "이는 불에서 꺼낸 그슬린 나무가 아니냐."

모든 그리스도인은 불에서 꺼낸 그슬린 나무, 곧 지옥에서 건져낸 그슬린 나무다. 그러나 화염 한가운데서 끄집어낸 뒤에는 열이 더 이상 그 나무를 태울 수 없다. 그 나무는 잠시 그슬렸지만 결국 살아남는다. 물론 그슬린 나무는 더럽다. 누가 쥐든 손에 검정 재가 묻는다. 그 표면은 재와 검댕으로 덮여 있다.

우리가 바로 그렇다. 우리는 주님의 손으로 불 가운데서 꺼낸 바 된 하나님의 구속된 자들이지만 여전히 재로 덮여 있다. 재가 그대로 남아 있고, 여전히 검댕으로 얼룩져 있다. 우리는 구속받았지만 철저히 무죄하지는 않다. 사탄은 즉각 검댕을 지목한다. 그는 우리가 하나님의 자비보다 우리 자신의 죄를 더욱 의식하게 만들고 싶어 한다.

그러나 사탄의 고소는 하나님의 질책에 가로막힌다. "예루살렘을 택한 여호와께서 너를 책망하노라." 하나님은 사탄의 입을 막으신다. 그리스도께서 우리를 변호하시는 우리의 법정 변호사이시다. 사탄이 우리를 기소하면 그리스도께서 일어나 "이의 있습니다! 이 사람은 내가 불 가운데서 꺼낸 내 그슬린 나무 중 하나입니다."라고 단언하신다. 그러면 하나님은 재판관 석에서 "이의를 인정합니다!"라고 대답하신다. 전능자의 법정에서 고소자의 혀는 잠잠해진다.

주님의 천사는 여호수아의 더러운 옷을 벗기고 아름다운 옷을 입혀주었다. 깨끗한 관을 머리에 씌워주었다. 그리스도께서는 구속받은 자기 백성에게 이렇게 옷을 입혀주신다. 이렇게 그분의 의를 옷 입음으로써, 우리는 하나님 앞에서 당황하지 않아도 된다.

올바로 옷을 입는 게 참으로 중요할 때가 있다. 최근에 나는 플로리다 주지사를 위한 만찬에 참석했다. 정장을 해야 하는 모임이었는데 만찬 기일이 촉박할 때 초대장을 받았다. 황급히 야회복 대여 업체에 내 체구에 맞는 옷을 주문했다. 직원은 서둘러보겠지만 제시간에 야회복을 배달하기는 어려울 것 같다고 대답했다. 그날 밤 나는 만찬에 야회복을 입지 않고 참석하는 꿈을 꾸었다. 정장을 하지 않고 만찬에 참석한 사람은 나 혼자뿐이었다. 식은땀을 잔뜩 흘린 채 잠에서 깨어난 나는 그게 악몽이었음을 알고 안도의 한숨을 쉬었다.

주지사 앞에서 정장을 하지 않는 사회적 실수를 하는 것과 더러운 옷을 입고 하나님 앞에 모습을 드러내는 것은 별개의 일이지만, 하나님 앞에 누추한 옷을 입고 들어가는 것을 두려워하는 것은 지극히 당연한 일이다.

그러나 하나님은 독자적인 야회복 상점을 갖고 계신다. 하나님이 우리에게 옷을 주실 때는 대여하시는 것이 아니라 영원히 주신다. 그 옷은 우리의 누추한 속옷을 가려줄 뿐 아니라 우리를 말쑥하게 단장해준다. 일단 그 옷으로 단장하면 다시는 당황할 일이 없다. 그 옷은 닳지 않는다. 유행에 뒤떨어지지도 않는다.

사실 최초의 옷을 지으신 분은 하나님이시다. 기록으로 남은 하나님의 최초의 자비는 벌거벗은 아담과 하와에게 옷을 지어주신 일이다. 하나님은 수치감에 싸여 있는 그들에게 자비를 베푸사 몸을 굽혀 보살펴주셨다(창 3:21). 지금도 하나님은 사랑하시는, 그러나 죄에 얼룩진 자기 백성들에게 옷을 지어주신다.

스가랴는 주께서 여호수아의 죄과를 제거하신 뒤 깨끗한 옷을 입히셨다고 기록한다. 하나님은 여호수아를 훈계하셨다. 친절하고 인자한 방식으로 그를 책망하셨다. 이 짧은 기록에서 여호수아는 사탄의 정죄와 하나님의 훈계를 동시에 들었다. 이것은 우리가 그리스도인으로서 경험하는 일과 다르지 않다. 우리는 죄를 지을 때 사탄에게 고소당하는 것과 성령께 죄에 대한 깨우침을 받는 것을 동시에 경험한다.

그 둘의 차이는 무엇일까? 사탄이 고소하는 목표는 우리를 해치려는 것이다. 그는 우리를 하나님으로부터 몰아내고 싶어 한다. 반면 성령께서 죄를 깨우쳐주시는 목표는 우리를 죄에서 돌이키게 하시려는 것이다. 우리가 죄를 깨달아 하나님께 가까이 가도록 만들고 싶어 하신다.

사탄은 우리 죄 때문에 우리가 망하게 하려 하고, 성령께서는 우리를 우리 죄책에서 구원하려 하신다. 사탄과 성령 모두 똑같은 죄에 주의를 집중시키지만 목표는 판이하다.

유쾌한 깨달음

사탄의 고소는 우리를 절망으로 몰아가지만, 성령의 깨우치심에는 유쾌함이 있다. 성령께서는 우리에게 죄책을 깨우쳐주실 때 사죄와 회복의 위로를 함께 주신다.

탕자의 경우를 생각해보자. 그는 유산을 탕진하고 돼지를 치는 처지로 전락한 뒤 돼지가 먹는 쥐엄열매라도 마음껏 먹기를 갈망하는 상황까지 내려갔다. 그때의 정황을 성경은 이렇게 쓴다. "이에 스스로 돌이켜"(눅 15:17).

스스로 돌이킨다는 것은 자신의 절망적인 상황을 자각하는 것이고, 양심이 되살아나는 것이다. 잠시 잠자고 있던 양심이 갑자기 깨어난다. 도덕적 잠에서 깨어난 것과 같다. 그 뒤에 오는 것은 진실한 뉘우침과 악을 그치려는 결심이다. 탕자의 비유는 다음과 같이 계속된다.

"이에 스스로 돌이켜 이르되 내 아버지에게는 양식이 풍족한 품꾼이 얼마나 많은가 나는 여기서 주려 죽는구나 내가 일어나 아버지께 가서 이르기를 아버지 내가 하늘과 아버지께 죄를 지었사오니 지금부터는 아버지의 아들이라 일컬음을 감당하지 못하겠나이다 나를 품꾼의 하나로 보소서 하리라 하고 이에 일어나서 아버지께로 돌아가니라 아직도 거리가 먼데 아버지가 그를 보고 측은히 여겨 달려가 목을 안고 입을 맞추니"(눅 15:17-20).

여기서 성령 하나님께서 죄를 깨우쳐주신 뒤에 따라오는 결과를 볼 수 있다. 성령께서는 우리 죄를 깨우쳐주실 때 우리를 회개와 회복으로 이끄신다. 처음 죄책에 눈을 뜰 때는 무척 고통스럽지만 절망에 빠지지는 않는다. 오히려 우리를 흔쾌히 끌어안으시는 아버지께로 간다. 아버지는 우리를 위해 살진 송아지를 잡으시고 가장 좋은 옷을 꺼내 입히시고 불어 튼 발에 신을 신기시며 손에 가락지를 끼워 주신다.

이 비유는 우리가 죄를 진심으로 슬퍼하고 돌이키는 것보다 하나님을 기쁘시게 하는 길이 없다는 것을 분명하게 가르친다.

성령의 깨우치심은 자유케 한다. 친절하고 신사적이다. 심판과 자비가 병행한다. 통회하는 사람을 반갑게 맞이하시는 기색이 역력하다. 그때는 처절한 보응을 받는 때가 아니라 거룩한 기쁨을 누릴 때다. 천사들에게는 기쁨이 있고 하나님의 마음에는 즐거움이 있다. 비유에서 아버지가 얼마나 기뻐하시는지 눈여겨보라.

"그리고 살진 송아지를 끌어다가 잡으라 우리가 먹고 즐기자 이 내 아들은 죽었다가 다시 살아났으며 내가 잃었다가 다시 얻었노라 하니 그들이 즐거워하더라"(눅 15:23-24).

사탄이 고소하는 목표는 회복이 아니라 파괴다. 우리가 회개하는 것을 보려 하지 않는다. 죄인이 돌이켜 죄짓기를 그쳐도 그의 추종자들에게는 기쁨이 없다. 오히려 사탄은 우리가 죄에 굴복하기 바란다. 모두가 돼지우리에 들어가기를 바란다.

그가 사람들에게 고통을 주는 목적은 죄인이 하나님을 더욱 원망하고 대적하도록 만들려는 것이다. 죄인이 낙심하여 자기 곤궁에 대해 하나님을 원망하기를 바란다. 탕자가 돼지들을 저주할 때 사탄은 그가 하나님도 저주하기 바랐을 것이다. 그는 탕자가 이렇게 말하기를 학수고대했다. "내 아버지는 나한테 넉넉한 유산을 주지 않았다. 하나님도 내가 돼지와 함께 굶주리도록 내버려두시는 걸로 봐서 공정한 분이 아니다."

그러한 사탄의 태도는 맏아들의 태도에 잘 반영되어 있다.

"맏아들은 밭에 있다가 돌아와 집에 가까이 왔을 때에 풍악과 춤추는 소리를 듣고 한 종을 불러 이 무슨 일인가 물은대 대답하되 당신의 동생이 돌아왔으매 당신의 아버지가 건강한 그를 다시 맞아들이게 됨으로 인하여 살진 송아지를 잡았나이다 하니 그가 노하여 들어가고자 하지 아니하거늘"(눅 15:25-28).

그는 아버지의 자비에 분노하고 질투하는 모습을 보인다. 사탄이 욥을 대한 태도가 이러했다. 용서하기보다 고소하려는 게 사탄의 심성이다. 때문에 판단하는 마음은 그리스도인에게 어울리지 않는다. 그래서 사도 바울은 그리스도라는 요새에서 우리가 찾는 힘을 역설했다.

> "누가 능히 하나님께서 택하신 자들을 고발하리요 의롭다 하신 이는 하나님이시니 누가 정죄하리요 죽으실 뿐 아니라 다시 살아나신 이는 그리스도 예수시니 그는 하나님 우편에 계신 자요 우리를 위하여 간구하시는 자시니라"(롬 8:33–34).

바울의 질문은 수사학적이다. "누가 능히 하나님께서 택하신 자들을 고발하리요"라는 말은 "감히 그럴 자가 없다"는 뜻이다. 그의 말처럼 하나님이 의롭다 하신 자를 송사하는 건 복음을 욕되게 하는 것이다. 그리스도께서 위하여 죽으시고 간구하시는 자를 정죄하는 건 어리석을 뿐 아니라 악한 짓이다.

사탄의 고소에 맞서 우리를 변호하는 게 복음이다. 사탄은 복음을 멸시한다. 복음을 부인한다. 우리가 우리에게 완전한 의로 옷 입혀주시는 그리스도 이외의 다른 곳에서 의롭다 하심을 얻도록 구하기를 바란다. 사탄은 장차 우리를 고소할 것이다. 우리를 정죄할 것이다. 우리 귀에 대고 우리 옷이 더럽다고, 우리 죄가 너무 많아 의로우신 하나님을 기쁘시게 할 수 없다고 고함을 지를 것이다. 그러나 우리는 그리스도 안에서 이렇게 말한다. "모략자여, 꺼져라. 하나님이 택하신 자를 누가 감히 고소한단 말인가! 내 구주께서 나를 덮으셨다. 내 죄과를 없애버리셨다. 이 순간에도 나를 위해 기도하신다. 마귀여, 그리스도께서 나를 위해 간구하시는 소리를 듣지 않으려거든 귀를 막으라. 그리스도는 내 의이며, 그의 공로가 내 것이다. 아무것도 나를 그분의 사랑에서 끊을 수 없다."

  시험을 뿌리치고 죄를 짓지 않을 때 우리는 하나님을 기쁘시게 한다. 우리가 주님 안에서 성숙해가는 과정의 일부는 이 일을 조금씩 더해나가는 것임에 틀림없다. 그러나 우리는 거듭해서 죄를 짓고 주 안에서 성장해가는 동안 우리가 얼마나 다양한 방식으로 하나님과 사람들에게 죄를 지었는지 훨씬 더 의식하게 된다. 그럴수록 하나님이 우리를 받으셨다는 확신을 더 많이 갖는 것도 성장 과정의 일부다. 하나님이 우리를 구원하신 이유는 우리의 흠 없는 삶을 보셨기 때문이 아니라 우리가 그리스도의 의로운 옷을 입고 있기 때문이다. 죄를 자각하는 건 틀림없이 고통스러운 일이다. 하지만 그것은 우리를 사랑의 아버지 품으로 떠미는 고통이다. 유혹자 사탄의 소원과 달리 하나님의 품을 떠나지 않는 게 곧 하나님을 기쁘시게 하는 것이다. 또한 죄를 범하더라도 하나님께 돌아가는 것이 하나님을 기쁘시게 하는 것이다. 고소자 사탄은 어떻게든 그것을 막으려 한다. 사탄이 신자에게 "이렇게 많은 죄를 가지고는 하나님을 기쁘시게 할 수 없어!"라고 속삭일 때 신자는 "그럴지라도 나는 하나님께서 영광을 받으시기 원해."라고 대답해야 한다.

8. 두려움과 죄책감

―――――― R.C. 스프로울 ――――――

루스벨트 정부가 어려운 시기를 맞이했을 때 대통령은 "두려움 자체를 제외하고는 아무것도 두려워할 게 없습니다."라는 유명한 발언으로 전 국민을 결집시켰다. 이와 같이 대통령 프랭클린 루스벨트는 두려움을 강력한 적으로 이해했다. 그것이 국민을 무력화하고 단단히 예속시킬 수 있다고 생각했다.

두려움은 여러 형태를 띤다. 신체적 손상에 대한 두려움, 실패에 대한 두려움, 책임과 기대가 수반되는 성공에 대한 두려움이 그 안에 포함될 수 있다. 종종 "두려워서 몸이 얼어붙었다"는 표현을 듣는다. 두려워서 몸이 얼어붙었다는 것은 마치 얼음이 강물의 정상적인 흐름을 가로막듯 두려움이 사물의 정상적인 흐름을 가로막는 것을 가리킨다.

우리 모두 공포를 안다. 최근에 발표된 어느 연구 보고서는 미국인들의 열 가지 공포증을 열거했다. 목록에는 죽음 공포증, 고소 공포증, 폐소 공포증, 외국인 공포증 등이 있다. 그리고 목록의 맨 꼭대기에는 대중 연설 공포증이 있었다. 나는 그 증상이 어떤 것인지 설명할 수 있다. 무언가 허전하게 가라앉는 느낌이 위(胃)에 닿는다. 손에는 진땀이 난다. 목 근육이 긴장한다. 연설을 부탁받으면 '얼어붙을' 정도로 증상이 심해진다. 아무것도 기억이 나지 않는다. 머리가 텅

빈다. 입을 열어도 말이 나오지 않는다. 이런 두려움의 뿌리는 아마 무엇을 어리석게 말하거나 행동하는 데 대한 두려움에서 비롯되었을 것이다. 또 묘하게도 두려움 자체가 그런 효과를 내기도 한다.

대중 앞에서 어리석은 모습을 보이고 싶은 사람은 아무도 없다. 따라서 많은 사람 앞에 설 때 느끼는 압박감은 대단히 크다. 운동선수는 그런 압박감과 '숨 막히는' 두려움을 잘 안다. 최근에 어느 골프 경기가 열리는 동안 한 기자가 마지막 몇 홀까지 계속 선두를 달려온 선수에게 다가가 인터뷰를 했다. 그런데 인터뷰 직후 그 선수는 경기를 완전히 엉망으로 끌고가는 바람에 기록이 곤두박질쳤다. 나중에 어느 기자가 물었다. "도대체 어떻게 된 일입니까?" 그러자 그 선수는 이렇게 대답했다. "숨이 꽉 막혀서 그랬어요." 이 솔직한 대답을 들으며 나는 색다른 느낌을 받았다. 기자들은 통상 "집중력이 떨어졌어요." "사진기 셔터 소리에 산만해졌어요." "공이 엉뚱하게 장애구역으로 튀었어요." 따위의 설명만 듣는다. 그리고 대부분의 프로 선수들은 "숨이 꽉 막혔어요."라고 대답하지 않는다.

그러나 매우 노련한 선수들도 숨이 막힌다. 그들 모두 그 느낌이 어떤지 잘 안다. 두려움은 바이스로 근육을 죄듯 엄습한다. 유연하던 골프 스윙 자세가 뻣뻣하고 부자연스럽게 되어 황당한 결과를 낸다.

무엇이 질식하게 만들까? 분명한 답은 잃는 것에 대한 두려움, 많은 노력을 쏟아온 목표에 달성하지 못할 수도 있다는 두려움이다. 경기를 잘못해서 창피를 당할지 모른다는 두려움도 경기를 망치게 만드는 주범이 될 수 있다.

그러나 두려움은 좀 더 복잡하다. 많은 운동선수들이 승리에 대한 두려움을 갖고 있다. 승리하면 새로운 신분으로 오르게 된다. 새로운 수준의 기대와 압박을 받게 된다. 또 실력으로는 자기가 정말로 우승할 만한 적격자가 아니었다는 생각에 이기고도 죄책감을 느낄 수 있다. 이 점에서 두려움과 죄책감은 암암리에 연결되어 있다.

변화에 대한 두려움

잠시 신분의 변화를 두려워하도록 만드는 요인을 생각해보자. 우리는 우리가 성취한 업적의 수준으로 만족하는 경향이 있다. 그러다 그 수준 이하로 떨어지면 신념과 자신감을 잃게 된다. 그것이 우리의 편안한 수준을 방해한다. 그러나 정상적인 수준 이상의 업적을 성취해도 마음이 불편하다. 이상하고 낯선 수역에 던져진다. 무엇을 예상해야 할지 확신이 서지 않는다. 새로운 책임 영역에 서게 된다.

이처럼 우리에게는 모든 분야에서 편안한 영역이 있다. 편안한 영역은 운동에만 있는 게 아니다. 경제적으로 편안한 영역, 학문적으로 편안한 영역, 사회적으로 편안한 영역 등이 있다. 영적으로도 편안한 영역이 있다. 너무 급하고 지나치게 많은 변화가 닥쳐오면 무력증에 이를 정도로 해로울 수 있다. 우리는 변화에 대처할 수 있지만 너무 많은 변화에 대처하고 싶어 하지는 않는다. 또 우리에게는 현상에 안주하려는 경향이 있다. 이런 경향이 프로 선수들-그리고 그리스도인들-로 하여금 지나치게 분투하지 못하도록 막기도 한다.

사람들은 종종 "잘 적응한다"고 말한다. 이 말이 무슨 뜻일까? 적응한다는 것은 살면서 일어나는 변화에 대처하는 것이다. 중학생이 고등학교에 진학하면 적응해야 한다. 독신으로 살다가 결혼하면 적응해야 한다. 회사원이 승진을 해도 적응해야 한다. 그렇게 새로운 상황에 창조적이고도 생산적으로 적응해내는 사람은 높은 평가를 받는다. 적응이 얼마나 어려운지 모두가 알기 때문이다. 즉 적응은 안락한 영역에서의 변화를 받아들이는 것을 뜻하는, 쉽지 않은 일이다.

그런데도 모든 그리스도인은 변화를 요구받는다. 영적으로 전진하라고 명령받는다. 하나님은 결코 완만한 분이 아니며, 우리에게도 완만히 지내는 것을 용인하지 않으신다. 알다시피 변화에는 두려움을 주는 요소도 따라온다. 아브라함의 사례를 살펴보자.

"여호와께서 아브람에게 이르시되 너는 너의 고향과 친척과 아버지의 집을 떠나 내가 네게 보여줄 땅으로 가라 내가 너로 큰 민족을 이루고 네게 복을 주어 네 이름을 창대케 하리니 너는 복이 될지라 너를 축복하는 자에게는 내가 복을 내리고 너를 저주하는 자에게는 내가 저주하리니 땅의 모든 족속이 너로 말미암아 복을 얻을 것이라 하신지라 이에 아브람이 여호와의 말씀을 따라갔고 롯도 그와 함께 갔으며 아브람이 하란을 떠날 때에 칠십오 세였더라"(창 12:1-4).

하나님은 아브라함에게 이동하라고 말씀하셨다. 아브라함은 안락한 영역을 떠나야 했다. 고향, 민족, 가문을 떠나야 했다. 자신의 뿌리, 안전, 낯익은 땅을 떠나야 했다. 요즘으로 치면 은퇴 후 10년을 더 지낸 나이가 당시 그의 나이였다.

하나님이 아브라함을 부르신 것은 '큰' 민족으로의 거대한 부르심이었다. 즉 "내가 너로 큰 민족을 이루고"라는 약속이었다. 훗날 히브리서 저자는 아브라함이 이 두려운 부르심을 받고 보인 반응을 다음과 같이 기록했다.

"믿음으로 아브라함은 부르심을 받았을 때에 순종하여 장래의 유업으로 받을 땅에 나아갈새 갈 바를 알지 못하고 나아갔으며 믿음으로 그가 이방의 땅에 있는 것같이 약속의 땅에 거류하여 동일한 약속을 유업으로 함께 받은 이삭 및 야곱과 더불어 장막에 거하였으니 이는 그가 하나님이 계획하시고 지으실 터가 있는 성을 바랐음이라 믿음으로 사라 자신도 나이가 많아 단산하였으나 잉태할 수 있는 힘을 얻었으니 이는 약속하신 이를 미쁘신 줄 알았음이라 이러므로 죽은 자와 같은 한 사람으로 말미암아 하늘의 허다한 별과 또 해변의 무수한 모래와 같이 많은 후손이 생육하였느니라 이 사람들은 다 믿음을 따라 죽었으며 약속을 받지 못하였으되 그것들을 멀리서 보고 환영하며 또 땅에서는 외국인과 나그네임을 증언하였으니"(히 11:8-13).

아브라함은 나그네가 되었다. 그는 하나님의 부르심에 순종하며 움직인 사람이었다. 모세, 여호수아, 다윗, 바울, 그리고 그리스도에 대해서도 같은 말을 할 수 있다. 그들은 하나님이 가라고 하시는 곳으로 갔고, 하나님이 하라고 하신 일을 했다. 그것이 안전을 보장하지 않는다 해도 말이다. 마찬가지로 그리스도인도 이 세상에서의 안전을 뒤로한 채 전진하라는 부르심을 받는다. 물론 궁극적인 안전(하나님의 사랑)은 그것을 벌충하고도 남는다.

두려움과 죄책감의 연관성

두려움과 죄책감은 어떤 관계가 있을까? 앞에서 언급했듯이 두려움과 죄책감 사이에는 가깝고도 미묘한 연관성이 있는 경우가 많다. 둘 다 사람을 무력하게 만드는 강한 힘을 갖고 있다. 둘 다 영적 여행 길에 나선 우리를 멈춰 서게—심지어 뒷걸음치게—만들 수 있다. 둘 다 우리가 하나님께 나아가지 못하도록 가로막을 수 있다. 둘 다 하나님을 기쁘시게 하는 큰 목표로부터 우리의 관심이 멀어지게 할 수 있다.

그러나 두려움과 죄책감을 명확하게 구별하는 것은 쉽지 않다. 사람을 무력하게 만드는 두려움은 해결되지 않은 죄책감의 직접적인 산물인 경우가 많다. 궁극적인 두려움은 하나님의 손에 형벌을 당하게 될 일을 생각할 때 생기는 두려움이다. 사람은 사회적인 배척, 부모의 불인정, 세심한 재판 때문에 겁을 먹을 수 있다. 경찰이나 세무서를 두려워할 수도 있다. 그러나 가장 두려운 것은 살아계신 하나님의 손에 빠져드는 것이다. 많은 사람이 이 점을 인정하지 않지만, 자기들의 삶이 창조주를 노엽게 해왔다는 것을 두려워한다. 죄책감은 대체로 보편적이며, 그리스도인과 이교도 모두 전능하신 하나님께서 우리가 죄짓는 것을 기뻐하시지 않는다는 것을 알거나 느낀다.

언젠가 정신과 의사로부터 상임 고문이 되어달라는 부탁을 받은 적이 있다. 그는 신앙인이 아니었음에도 불구하고 이렇게 말했다. "나를 찾는 아주 많은 환자에게 의사가 아닌 목사가 필요합니다. 많은 사람이 죄책감에 뿌리를 둔 문제에 시달리고 있습니다."

정신과 의사가 되려면 의과대학에 들어가 오랫동안 학문을 연구해야 한다. 정신과 의사는 먼저 의학을 공부하고 의학박사 학위를 받은 후에야 비로소 전문의 자격을 얻는다. 그런데 이렇게 오랜 세월 동안 학문적 훈련을 받았음에도 불구하고 신학은 별로, 혹은 아예 배우지 않는다.

그가 말한 죄책감은 궁극적으로 신학적인 문제다. 정신과 의사가 철저한 신학 지식이 없다면 죄책감에 짓눌린 사람들을 치료하는 데 큰 지장을 받는다. 신자가 아니라면 죄책감이 매우 실제적이라는 것을 이해할 수 없다. 진실한 인간은 자기 행동과 태도에 죄책감을 느끼게 되어 있기 때문이다.

슬프게도 너무나 많은 사람이 정신과 의사를 찾아가 큰 돈을 지불하고 자기들의 고뇌를 털어놓는다. 정신과 의사들이 죄와 죄책감을 별로, 혹은 전혀 이해하지 못할 수 있는데도 말이다. 생리학적인 것으로 보이는 문제들은 인간의 죄책감에 깊이 뿌리를 내리고 있을 가능성이 있다. 많은 결혼 상담가들은 결혼의 유대를 위협하는 성기능 장애 문제를 겪고 있는 사람들을 상담한다. 이른바 '불감증'과 '불능'이라는 문제는 반드시 일정 형태의 죄책감이나 두려움에 뿌리를 내리고 있다. 그 문제를 단순히 '신체 기능 감퇴'로 보는 것은 환자에게 대단히 부당한 일이다.

하나님은 사랑이시고 용서이시다. 더불어 우주를 창조하시고 보존하시는 분이다. 고려해야만 할 세력이시다. 하나님에 관한 생각이 초보적인 수준을 넘지 못하는 사람들도 하나님(비록 하나님이란 단어를 사용하지 않을지라도)이 이 불안한 세상을 보고 탄식하시는 도덕적 존재라고 느끼는 것 같다. 이 강력한 세력이 이교도와 신자 모두를 위협한다. 모세와 이스라엘 백성이 시내산에서 하나님의 임재를 보았을 때의 반응을 기억한다. 그것은 너무나 두려운 것이어서 사람들은 그분의 임재를 도무지 견딜 수 없었고, 모세 본인도 "내가 심히 두렵고 떨린다"고 토로하지 않을 수 없었다(히 12:21).

현대인은 하나님에 대한 공포를 떨쳐버리기 위해 할 수 있는 모든 일을 하지만, 그런 두려움을 자기 양심에서 말끔히 씻어버리지는 못한다. 이교도는 여전히 나뭇잎이 바삭거리는 소리에도 떨며, 악인은 아무도 쫓아오지 않는데도 도망친다. 하나님이 우리에게 죄책을 물으시기 위해 언제든 우리에게 닥칠 태세를 하고 계실 거라는 두려움이 항상 떠나지 않는다. 우리는 여전히 밤에 길을 가다가 부딪히는 것들을 두려워한다.

얼마 전 우리 교회 장로들이 기분 전환과 사귐을 위해 주말 휴가를 떠났다. 그들은 금요일 밤에 시골 농가에 도착했다. 그날 행사의 특징은 장로들이 한밤중에 사륜구동차를 몰고 떠들썩하게 여흥을 즐기는 것이었다. 그런데 사륜구동차가 부족하자 모험심이 강한 어떤 장로가 잔디깎이차를 몰고 일행을 따라갔다. 일행과 합류하기 위해 밤길을 천천히 달리던 그는 별안간 비명을 질렀다. 뒤에서 어떤 물체의 그림자가 앞길을 덮더니 낯선 물체가 자기 목에 와 닿는 불길한 느낌이 들었기 때문이다. 그는 비명을 질렀고, 그를 돕기 위해 쏜살같이 달려온 친구들은 공포에 얼어 있는 그의 모습을 보고 박장대소를 했다. 그는 밤에 낯선 침입자를 공격하기 위해 갑자기 일어선, 풀로 만든 도난 방지 설비에 단단히 붙잡혀 있었던 것이다. 이와 같이 우리 안에 영원히 내재해 있는 어둠에 대한 두려움은 아마도 하나님에 대한 두려움에 그 뿌리를 두고 있는 듯하다. 하나님이 우리 죄로 인해 결국 우리를 붙잡고 말 것이라는 두려움 말이다. 그러므로 아무도 감히 하나님께 등을 돌리지 못한다. 하나님이 우리의 일거수일투족을 보고 계시며, 우리의 모든 생각을 눈여겨보신다. 죄책에 싸인 사람들은 그분의 손에 벌을 받게 될 것이라는 두려움을 근절할 수 없다.

죄책감을 생각할 때는 죄책과 죄책감을 구분해야 한다. 죄책감은 주관적이다. 그것은 우리 내부에서 생긴다. 때문에 실제로는 죄책이 없는데도 죄책감을 느낄 수 있다. 반면 죄책은 객관적이다. 현상을 그대로 포함한다. 죄를 지으면 반드시 죄책이 일어난다. 죄책은 하나님과의 채무 관계를 형성시키며 죄와 결합되어 있다.

웨스트민스터 소요리문답은 죄를 '하나님의 법을 순종함에 있어 부족하거나 또는 위반하는 것'으로 정의한다. 아주 세련된 정의다. 작위의 죄와 부작위의 죄를 동시에 지적한다. 사람이 하나님의 율법에 순종하지 않을 때는 하나님이 요구하시는 수준에 못 미치게 된다. 하나님이 명하시는 것을 하지 않는다. 그것이 부작위의 죄다. 그리고 하나님의 율법을 범하면 하나님이 금하시는 일을 하는 것이다. 이것이 작위의 죄다.

실제적인 죄책

작위든 부작위든 하나님의 율법을 어길 때 죄책이 생긴다. 그리고 앞서 말한 것처럼 죄책은 실제적이고 객관적이다. 사람을 황폐하게 한다. 죄책감은 죄책에 따른 것일 수도 있고 아닐 수도 있다. 모두가 아는 대로 죄책감은 사람을 불안하게 만든다. 그런 감정을 없애기 위해 사람들은 온갖 수단을 동원하고 자신을 변명한다. 합리화한다. 책임을 다른 사람이나 상황에 떠넘긴다. 사회를 탓하고, 자기의 환경을 탓한다. 책임에 따르는 고통을 피하기 위해 동원할 수 있는 모든 방법을 동원한다. 피할 수 있는 온갖 장치를 다 사용한다. 죄책은 그만큼 현실적으로 크기 때문이다. 그것은 감당할 수 없을 정도로 크며, 정당한 방법으로 대처하지 않으면(그리스도의 구원사역에 호소하지 않으면) 죄책에서 도망치는 데 무수한 시간과 정력을 들여야 한다.

사람은 살면서 자신의 마음을 강퍅케 하는 법을 터득한다. 그러다가 마음을 말끔히 닦는 능력을 잃을 수도 있다. 예레미야는 유다에게 다음과 같은 하나님의 말씀을 선포했다. "네가 창녀의 낯을 가졌으므로 수치를 알지 못하느니라"(렘 3:3).

여기서 회개하기를 거부하는 것이 죄책감을 억누르는 것과 연관된 것을 볼 수 있다. 유다 백성은 줄곧 하나님의 율법을 범하면서도 자기들의 무죄를 항변했다. 거듭 짓는 죄로 창녀의 낯을 갖게 되었다. 수치를 모르게 된 것이다.

그러나 죄책감이 들지 않는다고 해서 죄책이 없어지는 건 아니다. 살인죄로 재판을 받는 사람이 "나는 죄책감을 느끼지 않습니다."라고 말한다 해서 변호에 설득력이 더해지는 것은 아니다. 정신병을 가진 사람이 사람을 죽여 놓고 자기 죄에 대해 후회하지 않는 경우가 있다. 그러나 후회하지 않는다고 해서 자기 행위를 변명할 수 있는 건 아니다.

상담가들이 사람들의 죄책 문제를 다루면서 죄책감을 제거하는 데 초점을 맞추는 빈도수는 현대인의 삶의 슬픈 면을 단적으로 보여준다. 그들은 피상담자들에게 그들이 환경의 희생자이며 시대에 뒤떨어진 강압적인 종교적 표준의 희생자라고 말한다. 이것은 비그리스도인뿐 아니라 그리스도인들에게도 해당된다. 과거와 현재의 죄에 무거운 죄책감을 지니고 사는 수많은 그리스도인이 사실상 다음과 같이 말하는 정신과 의사들에게 마음속의 고뇌를 털어놓는다. "당신이 이끌어와야 했던 삶을 고려해보면 이런 식으로 행동한 게 하나도 이상하지 않아요. 그 점만 바로 이해한다면 아무 문제가 없습니다."

하지만 정말 그럴까? 문제를 설명한다고 해서 문제가 없어지는 것은 아니다. 죄책은 하나님과 바른 관계를 맺을 때에만 사라진다. 그 바른 관계는 아무 때라도 얻을 수 있다. 우리는 용서의 하나님을 섬기고 있기 때문이다. 그러나 하나님은 자녀들에게 용서를 구하라고 강요하시지 않는다. 다만 자녀들이 결심을 하고 하나님께 용서를 구하거나, 정신과 의사가 시원스럽게 설명해줄 수 없는 죄책을 끌어안고 고뇌한다.

실의에 가득 찬 어느 여대생이 내게 상담을 요청했다. 그 학생은 약혼을 한 상태였고, 약혼 상대와 성관계를 가진 일로 죄책감을 느끼고 있다고 말했다. 내게 찾아오기 전 학교 상담 교사를 찾아가 조언을 구했더니 이렇게 말하더라고 했다. "학생이 죄책감을 느끼는 이유는 빅토리아 시대의 윤리나 청교도 금기의 희생자이기 때문이에요. 학생의 행동이 지극히 정상이라는 걸 이해해야 해요. 그건 사람이 성숙해지면서, 그리고 결혼을 준비하면서 표출하게 되는 건강함이에요." 하지만 그 여학생은 나에게 이렇게 말했다. "그런데 교수님, 저는 아직도 죄책감을 느끼고 있어요." 그래서 나는 이렇게 말했다. "학생이 죄책감을 느끼는 이유는 아마도 죄책이 있기 때문일 겁니다. 간음에 대한 금령은 빅토리아 시대에 창안된 것도 아니고 청교도들이 고안해낸 것도 아닙니다. 간음을 금하시는 분은 하나님입니다. 하나님의 율법을 어길 때는 실제적인 죄책감이 생기게 마련이지요. 내가 알고 있는 한 현실적인 죄책감을 치유할 수 있는 유일한 길은 진정으로 회개하는 것뿐입니다."

나는 그 젊은 여성에게 진정한 용서의 가격표에는 진정한 회개가 적혀 있다고 설명해주었다. 진정한 회개는 개인이 직접 해야 하는 일이다. 다른 사람이 나를 대신해서 회개해줄 수 없다. 나는 그 여학생에게 혼자 하나님 앞에 나가 무릎을 꿇고 회개하라고 격려했다. 내 도움 없이, 상담자들의 도움 없이 말이다. 그런 다음 약속하기를(사실은 보장했다), 그렇게 회개하면 하나님 앞에서 그 죄책이 제거될 것이고 하나님 보시기에 다시 한 번 처녀가 될 것이라고 했다. 아마도 그 학생은 죄책감으로 말미암은 두려움과 무력증에서 벗어났을 것이다.

우리는 그리스도인으로서 자신의 삶을 잘 살펴보아야 한다. 그리고 다음의 두 가지 기본적인 질문을 반드시 스스로에게 던져야 한다. 나는 영적으로 성장해가면서 언제 무기력해지는가? 왜 무기력해지는가? 만약 이 두 질문에 정확히 대답할 수 있다면 반드시 해결되어야 할 두려움과 죄책의 영역이 정확히 어디인지 진단할 수 있다. 하나님의 은혜―특히 사죄의 은혜―는 우리가 무력증에서 벗어나기 위해 구하고 얻을 수 있는 가장 강력한 힘이다.

하나님은 우리가 무력하게 살기를 바라시지 않는다. 우리가 하나님 안에서 안전함을 느끼고 삶으로써 세상과 그 장애물들을 두려워하지 않기 바라신다. 하나님은 우리가 우리 죄를 자각하기 바라시지만, 죄책에 짓눌려 무기력하게 지내는 것을 기뻐하시지 않는다. 세상의 여느 좋은 부모와 마찬가지로 우리를 두려움과 죄책에서 이끌어내시고, 그로써 우리로 하여금 옳고 즐거운 일을 자유롭게 하도록 만들기 위해 애쓰신다. 얼마나 큰 자유를 우리에게 내미시는 것인가! 하나님은 우리에게 죄책으로부터의 자유, 두려움으로부터의 자유, 우리의 모든 것으로 하나님을 섬기고 기쁘시게 할 수 있는 자유를 주신다. 세상의 어느 정신과 의사도 우리에게 그런 삶을 줄 수 없다.

9. 참용서

R. C. 스프로울

해결되지 않은 죄책이 사람을 무력하게 만든다는 것을 앞 장에서 살펴보았다.

죄책은 누구에게나 성가신 짐이다. 천로역정의 주인공을 여행 내내 무겁게 짓눌렀던 끔찍한 짐을 기억한다. 사도 바울이 말한, 두려운 "사망의 몸"(롬 7:24)을 기억한다. '미션'(Mission)이라는 할리우드 영화를 본 사람이라면 참회 중인 용병이 무거운 무기를 걸머지고 매우 고생스럽게 산을 오르는 실감나는 장면을 기억할 것이다.

이러한 짐을 벗어버리면 홀가분한 게 무엇인지를 알게 된다. 이사야가 들은 말씀 "네 죄가 사하여졌느니라"(사 6:7)라는 말씀을 듣는 건 자유의 음악을 듣는 것과 같다.

수세기 동안 로마 가톨릭 교도들은 사제들에게 죄를 자백하고서 "테 압솔보"(Te Absolvo, '내가 네 죄를 사하노라')라는 선언을 들으며 위로를 경험해왔다.

로마 가톨릭교회에서 자백은 고해성사에 속한다. 종교개혁이 진행되는 동안 고해성사는 대부분의 프로테스탄트 교회들에 의해 배척되었다.

그 결과 많은 프로테스탄트 교도들은 로마 가톨릭교회의 고해 의식을 의심의 눈초리로 쳐다본다. 다음과 같은 비판의 소리도 끊이지 않는다. "내가 왜 사제에게 죄를 고백해야 하나요? 그리스도께서 대제사장입니다. 그분께 내 죄를 직접 고백할 수 있습니다. 지상의 사제가 필요없습니다!"

이것이 과연 사실일까, 아니면 가톨릭교회에 대한 반감을 정당화하는 것일까?

대다수 프로테스탄트 교도들이 정작 자기들이 항거(프로테스트)하는 게 무엇인지 모르고 있다는 건 교회사의 슬픈 사실이다. 세월이 지나면서 당시에 항거했던 쟁점들이 차츰 희미해졌다. 이제 남은 것은 사소한 문제에 초점이 맞춰진, 로마교회에 대한 다소 모호한 편견이다.

고해와 프로테스탄티즘

이 쟁점을 올바로 보기 위해 종교개혁자들을 격분케 한 역사적 쟁점들을 간략히 살펴보자.

종교개혁은 고해성사에 중심을 둔 부패 때문에 촉발되었다. 로마교회는 고해가 죽을 죄를 지은 사람들에게 구원의 은혜를 회복시켜 주는 데 필요한 단계라고 본다. 그래서 고해성사를 '영혼의 난파를 당한 사람들을 위한 제2의 칭의'라고 부른다.

어째서 '제2의 칭의'일까?

로마 가톨릭 신학에서 제1칭의는 '성세성사'(세례)로 얻는다. 칭의의 은혜가 세례로 인간의 영혼에 주입된다는 것이다. 세례를 받은 사람은 대죄(mortal sin)를 짓기 전까지, 혹은 짓지 않는 한도에서 은혜의 상태로 남는다. 죽을 죄(mortal sin)라는 것은 그 죄가 구원의 은혜를 말살하기 때문에 이름 붙여진 것이다.

따라서 죽을 죄를 지은 사람은 다시 칭의를 받아야 한다. 그리고 새로운 칭의는 고해성사를 통해 온다.

고해성사는 여러 부분으로 구성된다. 자백, 통회, 사제의 사면, 그리고 보속(保贖, satisfaction) 행위가 있다. 로마 가톨릭교회는 고해를 정서로 볼 뿐 아니라 행위로도 본다. 다시 말해 회개를 행동으로 이해한다.

때문에 프로테스탄트 성경들이 '회개하다'(repent)로 번역하는 전통적인 성경 본문들은 가톨릭 역본에서 '고해를 행하다'로 번역된다.

종교개혁 논쟁은 고해의 한 가지 측면, 즉 보속 행위라는 면에 집중되었다. 현대 용어로 고해는 다음과 같이 이루어진다.

사람이 은밀히 죄를 자백하러 가서 사제에게 자기 죄를 털어놓는다. 그렇게 자백의 기도를 하고 사제로부터 사면의 말이 나오기를 기다린다. 사제는 고해의 방식을 지시한다. 참회자는 "마리아를 찬양합니다."나 "우리 교부들을 찬양합니다."라는 말이나 그 밖의 기도문들을 여러 번 반복하라는 지시를 받을 수 있다. 때로 보다 엄하고 힘든 벌을 내리기도 한다. 이런 것들이 보속 행위다. 이 행위들이 하나님의 요구를 '만족시키며' 참회자에게 칭의가 회복되기 '적합하게' 만든다.

중세에는 구제를 적법한 고해 방법으로 보았다. 교회는 구원이 매매할 수 없는 것임을 매우 조심스럽게 가르쳤다. 가난한 사람이나 교회에 돈을 줌으로써 사죄를 '매입' 할 수 없다고 했다. 다만 진정한 회개 정신과 하나님에 대한 사랑으로 하는 구제는 보속 행위에 적합하다고 보았다.

그런데 16세기에 심각한 문제가 일어났다. 로마교회는 성 베드로 성당 건설이라는 대규모 건축 사업을 벌이고 있었다. 그리고 진실하고 경건한 동기로 그 사업에 기여하는 사람들에게 교황의 이름으로 면죄부를 내주는 행위를 합법화했다(면죄부는 지은 죄에 대해 현세나 연옥에서 받을 형벌을 제거해준다는 증서였다).

독일에서 로마교회의 파렴치한 대표 윌리엄 테첼이 특히 무지한 농민들을 상대로 면죄부를 팔기 시작했다. 마치 아무렇게나 면죄부를 받을 수 있다는 듯 말이다.

그는 누구든 돈만 내면 사죄를 받을 수 있다고 했다. 돈만 내면 진정으로 회개할 필요도 없고 속죄의 뜻으로 자선 행위를 하지 않아도 된다고 했다.

판매 총책이었던 수사 테첼이 고해 제도를 천박하게 만든 데 대해 마르틴 루터는 격분했다. 그리고 이런 성직 남용에 대항하여 유명한 95개 조항을 내걸었다.

면죄부 논쟁은 판도라 상자의 뚜껑을 열었다. 그것은 칭의 문제 전체에 대한 전면적인 논쟁으로 발전했다.

마침내 루터는 '오직 믿음으로 의롭다 하심을 얻는다'(이신칭의)는 교리를 천명했다. 그리고 보속 행위에 초점을 맞춰 고해성사를 비판했다.

루터는 우리 죄에 대한 보속은 오직 그리스도께서 남김없이 치르셨다고 주장했다. 그 누구도 그 보속에 다른 무엇을 보탤 수 없다고 했다. 어떤 인간도 보속 행위로 얻을 수 있는 이른바 '적절한 공로'(meritum de congruo)를 포함하는 어떤 형태의 공로를 가지고 예수님의 공로를 보충할 수 없다고 했다. 칭의의 은혜는 진심으로 자기 죄를 자백하고 믿음으로 그리스도를 영접하는 모든 사람에게 값없이 베풀어진다고 했다.

루터는 '이신칭의'라는 핵심 쟁점과 비교하여 다른 쟁점들을 '하찮은 쟁점'으로 여겼다. 그리고 이신칭의를 "신자가 설 수도 있고 넘어질 수도 있는 신조"라고 불렀다.

그 결과 대다수의 프로테스탄트 그리스도인들은 더 이상 고해 제도를 두지 않게 되었다. 그래서 프로테스탄트 안에서는 사람으로부터 "테 압솔보"라는 말을 거의 듣지 못한다. 뿐만 아니라 인간 사제가 "내가 네 죄를 사하노라."라고 말하는 개념에 종종 혐오감을 나타낸다.

그러나 로마교회의 반론에서 우리가 눈여겨봐야 할 것은 교회가 사제에게 고유한 사죄권이 있다고 선언할 의도가 전혀 없다는 점이다. 로마교회의 관점에서 사제는 예수께서 사도들에게 "너희가 누구의 죄든지 사하면 사하여질 것이요 누구의 죄든지 그대로 두면 그대로 있으리라"(요 20:23) 말씀하시면서 부여하신 권세를 이행하고 있는 것이다. 이것은 프로테스탄트 목사들이 주일 아침 강단에서 '죄 사함의 확신'을 선언할 때 하는 행위와 그리 동떨어진 것이 아니다.

사죄의 확신

슬프게도 많은 프로테스탄트 교도들이 죄 사함의 확신을 느끼지 못한다. 그들은 쉽게 사라지지 않는 죄책감에 시달리고 있다. 마치 십자가 사건이 발생하지 않은 것처럼 산다. 예수님의 대속으로는 우리의 죄를 충분히 덮을 수 없다는 해묵은 느낌을 품고 산다. 은혜는 다른 사람에게나 필요한 것처럼 느낀다. 여전히 자신의 죄를 속하고 싶어 한다. 자신의 죄책을 해결하기 위해 약간의 배상을 하지 않으면 안 된다고 생각한다.

언젠가 한 여성과 대화를 나눌 때다. 그녀는 나에게 이렇게 물었다. "어떻게 하면 내 죄를 사함받을 수 있나요? 하나님께 내 죄를 사해달라고 여러 번 기도를 드렸지만 죄책감이 사라지지 않아요."

그 여성은 신학적 조언을 구하고 있었다. 마치 자기에게 충만한 사죄의 확신을 주는 비밀스럽고 심원한 비결을 기대하는 표정으로 나를 쳐다보았다. 하지만 나는 이렇게 대답했다. "죄 사함을 위해 한 번 더 기도할 필요가 있다는 생각이 드는군요."

그러자 그 여성은 내 대답을 듣고 실망한 데서 그치지 않고 화까지 냈다. "제 말을 못 들으셨나요? 기도를 여러 번 했다고요. 한 번 더 기도하는 게 무슨 소용이 있단 말이에요?"

그 말에 나는 이렇게 대답했다. "이번에는 하나님께 당신의 교만을 용서해달라고 구하는 게 좋겠군요."

그러자 그 여성은 정말로 격분했다. "교만이라! 교만이라니 무슨 뜻이지요? 나는 기도할 때마다 겸손한 태도로 기도했단 말이에요. 그게 어째서 교만인가요?"

나는 만일 우리가 우리 죄를 하나님께 자백하면 하나님께서 우리 죄를 사해주시겠다고 분명히 밝히신 점을 설명해주었다. "만일 우리가 우리 죄를 자백하면 그는 미쁘시고 의로우사 우리 죄를 사하시며 우리를 모든 불의에서 깨끗하게 하실 것이요"(요일 1:9).

죄책과 죄책감 사이에 엄연한 구분이 있듯이, 사죄와 사죄받았다는 느낌 사이에도 비슷한 구분이 있다. 죄책은 객관적이고 죄책감은 주관적이다. 사죄는 객관적이고 사죄받았다는 느낌은 주관적이다.

만약 하나님이 어떤 사람에게 사죄를 선언하신다면 그 사람은 참으로, 객관적으로, 실제로 그리고 온전히 사죄받는다. 이제 그 사람에게는 사죄가 실재다. 만약 사죄의 실재로부터 따뜻한 평안이 마음에 흘러들어오면 그것은 매우 유쾌하고 기이한 보너스다. 그러나 그런 마음 상태가 사죄의 최종적인 시금석은 아니다.

이것은 양날 선 검과 같다. 그래서 한편으로는 실제로 사죄를 받지 않았는데도 사죄받았다는 느낌을 만들어낼 수 있다. 하나님이 명백히 금하시는 일을 행하면서도 하나님께서 마음에 '평안'을 주셨다고 말하는 사람들을 많이 보았다. 간음을 범할 때 하나님이 마음의 평안을 주셨다고 말하는 사람들을 보았다. 그런 말은 틀림없이 성령을 슬프시게 만든다.

하나님은 회개하는 사람들에게 값없이 죄 사함을 주신다. 마음껏 죄를 지을 수 있는 허가증을 주시는 것이 아니다. 하나님은 회개치 않는 자들에게 평안을 주시지 않는다. 그 평안은 잘못된 평안이요 거짓 평안이다.

앞에 소개한 여성에게 내가 교만에 대해 사죄를 구하라고 말한 이유는 다음과 같다.

하나님은 우리가 진정으로 회개하고 자백함으로써 하나님께로 돌이키면 우리 죄를 사해주시겠다고 약속하셨다. 하나님의 약속은 신실하다. 그런데 우리 자신을 포함하여 하나님이 사하신 자를 사하려 하지 않는다면 그것은 교만이다. 바울의 말을 생각해보라. "남의 하인을 비판하는 너는 누구냐 그가 서 있는 것이나 넘어지는 것이 자기 주인에게 있으매 그가 세움을 받으리니 이는 그를 세우시는 권능이 주께 있음이라"(롬 14:4).

여기서 사도는 그리스도께서 받으신 다른 사람들을 판단하지 말라고 경고한다. 하나님이 사하신 다른 사람들을 판단하는 게 허락되지 않는다면, 하나님이 우리를 사하셨을 때 여전히 자기 자신을 판단하는 것은 얼마나 더 허락되지 않는 일이겠는가!

하나님이 어떤 사람을 사하시면 그 사람은 본인이 사죄를 느끼든 느끼지 않든 사함을 받은 것이다. 감각적인 그리스도인은 감정에 준해서 산다. 그러나 영적인 그리스도인은 하나님의 말씀에 준해서 산다. 만약 하나님께서 내가 사함을 받았다고 선언하시는데 내가 스스로 사하기를 거절한다면 그것은 큰 교만이다.

아마도 내가 상담한 그 여성은 하나님의 약속이 신실하다는 것을 의심했기 때문에 자기가 사함을 받았다고 느끼지 못했던 것 같다. 어쩌면 그 여성이 구하는 건 다른 것이었을 수 있다. 은혜를 거역하고 있었는지도 모른다. 다른 사람이 은혜를 받는 건 괜찮지만 본인으로서는 그것을 거저 받기에 자존심이 상했을 수도 있다. 노력해서 사죄를 성취하고 싶었던 것이다.

예수님은 우리가 머리로 이해하기는 쉽지만 가슴으로 받아들이기는 어려운 짧은 비유를 말씀하셨다.

"너희 중 누구에게 밭을 갈거나 양을 치거나 하는 종이 있어 밭에서 돌아오면 그더러 곧 와 앉아서 먹으라 말할 자가 있느냐 도리어 그더러 내 먹을 것을 준비하고 띠를 띠고 내가 먹고 마시는 동안에 수종들고 너는 그 후에 먹고 마시라 하지 않겠느냐 명한 대로 하였다고 종에게 감사하겠느냐 이와 같이 너희도 명령받은 것을 다 행한 후에 이르기를 우리는 무익한 종이라 우리의 하여야 할 일을 한 것뿐이라 할지니라"(눅 17:7–10).

우리는 무익한 종들이다. 설령 하나님이 우리에게 하라고 명하신 일을 낱낱이 했다 할지라도 우리로서는 자랑할 게 하나도 없을 것이다. 하나님께 온전히 순종하는 게 우리의 의무다. 여분의 공로를 주장할 게 없다.

더욱이 우리는 하나님이 우리에게 하라고 하신 일을 다 하지도 못했다. 그런데 무슨 수로 그것을 벌충할 수 있겠는가! 명령받은 일을 다 했다 하더라도 여전히 무익한 종일진대 많은 결격 사유를 지닌 채 어떻게 유익한 종이 될 수 있겠는가! 우리는 유익한 종이 될 수 없다. 때문에 우리 모두에게 절대적으로 은혜가 필요하다.

또한 우리는 빚을 갚을 수 없는 채무자들이다. 우리는 불의한 청지기 같은 사람들이다. 불의한 청지기는 주인으로부터 셈을 하라는 말을 듣고 이렇게 생각했다. "주인이 내 직분을 빼앗으니 내가 무엇을 할까 땅을 파자니 힘이 없고 빌어 먹자니 부끄럽구나"(눅 16:3).

이것이 우리의 딜레마다. 땅을 파자니 힘이 없고 빌자니 부끄럽다. 그러나 빌지 않을 수 없다. 그것이 빚을 갚을 수 없는 채무자가 할 수 있는 최선이다.

이와 같이 우리는 은혜에 힘입어 살고, 사죄에 힘입어 걷는다. 우리 죄를 자백할 때 하나님이 용서해주신다고 하신 그 확실한 약속을 기뻐한다.

용서와 망각

성경은 하나님이 우리를 용서하실 때 동이 서에서 먼 것처럼 우리 죄를 멀리 옮기신다고 말한다.

"우리의 죄를 따라 우리를 처벌하지는 아니하시며 우리의 죄악을 따라 우리에게 그대로 갚지는 아니하셨으니 이는 하늘이 땅에서 높음 같이 그를 경외하는 자에게 그의 인자하심이 크심이로다 동이 서에서 먼 것같이 우리 죄과를 우리에게서 멀리 옮기셨으며"(시 103:10-12).

하나님은 우리 죄를 용서하실 때 그것을 망각의 바다에 던져 넣으신다. 예레미야는 다음과 같은 약속을 선언한다. "내가 그들의 악행을 사하고 다시는 그 죄를 기억하지 아니하리라"(렘 31:34).

하나님이 우리 죄를 더 이상 기억하지 않으신다는 말은 무슨 뜻일까? 하나님은 어떤 방법으로 용서하고 잊으실까?

이런 표현에 인간의 비유법이 쓰인 것을 눈여겨봐야 한다. 전능하시고 전지하시고 불변하신 하나님께 갑자기 기억에 공백이 생겼다는 성급한 결론을 내리지 말아야 한다.

하나님은 내가 지은 모든 죄를 또렷이 알고 계신다. 우리 죄를 지워버리겠다고 하신 것은 실제로 우리 죄에 대한 모든 지식을 버리시겠다는 뜻이 아니라 기록에서 지워버리시겠다는 뜻이다. 하나님은 나를 대하실 때 마치 죄를 짓지 않은 사람처럼 대하신다. 그리스도의 의로 내 죄를 덮으신다.

하나님이 기억하지 않으신다는 건 상대적인 개념이다. 즉 하나님은 내 죄를 더 이상 내게 해가 되는 식으로 기억하지 않으신다. 내 죄를 용서하시는 순간부터 결코 내 죄를 가지고 나를 대적하지 않으신다. 아무런 적의를 갖고 계시지 않다. 적대감이 조금도 남아 있지 않다. 하나님과 나와의 관계는 철저하고도 완전하게 회복되었다. 이사야서에 약속하신 대로 해주신다.

"여호와께서 말씀하시되 오라 우리가 서로 변론하자 너희의 죄가 주홍 같을지라도 눈과 같이 희어질 것이요 진홍같이 붉을지라도 양털같이 희게 되리라"(사 1:18).

다른 사람을 용서함

주기도에서 우리를 가장 두렵게 만드는 요소는 "우리가 우리에게 죄지은 자를 사하여 준 것같이 우리 죄를 사하여 주시옵고"(마 6:12)라는 구절이다. 하나님이 우리를 용서하시는 것에 비해 우리는 남을 용서하는 데 훨씬 덜 관대하다. 만약 우리가 우리에게 죄지은 자를 용서하지 않는 것처럼 하나님이 우리를 용서해주지 않으신다면 우리는 심각한 불행에 떨어질 것이다.

우리 그리스도인들은 용서받은 사람들이다. 그래서 하나님은 우리에게 다른 사람들을 용서해주라고 하신다. 다른 사람들을 용서해주는 열쇠는 다음과 같은 예수님의 가르침에서 발견할 수 있다.

> "너희는 스스로 조심하라 만일 네 형제가 죄를 범하거든 경고하고 회개하거든 용서하라 만일 하루에 일곱 번이라도 네게 죄를 짓고 일곱 번 네게 돌아와 내가 회개하노라 하거든 너는 용서하라 하시더라 사도들이 주께 여짜오되 우리에게 믿음을 더하소서 하니"(눅 17:3-5).

그리스도인이 다른 사람을 용서해야 할 의무에 대해서는 많은 혼동이 있으므로 두 가지 주요 쟁점을 명확히 밝힐 필요가 있다. 바로 '누구를 용서해야 하느냐?'와 '어떻게 용서하느냐?' 다.

누구를 용서해야 하는가에 대해 그리스도인들 사이에 널리 퍼져 있는 오해가 있다. 어떤 연유에서인지 그리스도인은 누가 자기에게 죄를 짓든 무조건 일방적으로 용서를 베풀어야 한다는 생각이 널리 퍼져 있다. 예를 들어 누가 내 인격을 부당하게 모욕하면 그 굴욕을 참아내고 그 사람을 즉시 용서해야 한다고 생각한다.

이런 생각이 어디서 연유했을까? 아마도 예수님의 본과 그분의 가르침에서 실마리를 찾을 수 있을 것이다.

십자가에 달리셨을 때 예수님은 자기를 처형하던 사람들을 용서해 달라고 기도하셨다. "아버지 저들을 사하여주옵소서 자기들이 하는 것을 알지 못함이니이다"(눅 23:34). 또 산상수훈에서 예수님은 이렇게 말씀하셨다. "긍휼히 여기는 자는 복이 있나니 그들이 긍휼히 여김을 받을 것임이요"(마 5:7). 주님은 또한 이렇게 선언하신다. "나는 너희에게 이르노니 악한 자를 대적하지 말라 누구든지 네 오른편 뺨을 치거든 왼편도 돌려 대며"(마 5:39).

예수님은 자선의 윤리를 분명하게 제시하신다. 우리를 괴롭히는 사람들에게 오래 참으라고 하신다. 5리를 더 갈 각오로 살라고 하신다. 하나님 나라에는 논쟁을 좋아하고 신랄하게 따지기를 좋아하는 정신이 발붙일 곳이 없다.

"네 오른편 뺨을 치거든 왼편도 돌려 대며"라고 하실 때 예수님은 모욕을 참으라는 뜻을 가진 유대인의 관용어를 사용하신다. 본문을 살펴보면 예수님은 만일 누가 우리 오른편 뺨을 때리면 다른 편 뺨을 돌려 대라고 하시는 것 같다. 그래서 많은 사람이 이 말씀을 누가 한쪽 얼굴을 때리면 다른 한쪽도 대주라는 뜻으로 이해한다. 마치 우리에게는 신체적으로 공격을 당하더라도 방어할 권리가 없다고 가르치는 듯하다. 누구든 우리를 때리고 싶어 하는 사람에게 동네북이 되어야 한다는 것처럼 말이다.

그렇다면 이 말씀을 어느 정도까지 받아들여야 할까? 만약 누가 우리 딸을 납치할 경우 아들까지 납치해가도록 내놓아야 한다는 걸까? 나는 그렇게 생각하지 않는다. 예수님이 사용하시는 단어들을 생각해보자. 예수님은 오른편 뺨을 때리는 것에 관해 말씀하신다. 여러분이 다른 사람과 얼굴을 맞대고 서 있는데 그 사람이 여러분의 오른편 뺨을 때리고 싶어 한다고 가정해보자. 어떻게 하면 그렇게 할 수 있겠는가? 두 가지 방법이 있다. 그 사람이 왼손으로 여러분의 뺨을 때리거나 오른쪽 손등으로 때려야 한다. 대다수 사람은 오른손잡이고, 오른손잡이는 대개 왼손으로 공격하지 않는다(왼손 혹을 고도로 훈련하지 않는 한 그렇다).

이와 같이 유대인 관용어에서 오른편 뺨을 맞는 것은 오른쪽 손등으로 맞는 모욕을 가리킨다. 중세 때 그것은 결투 신청의 표시였다. 상대방이 장갑을 벗어 들고 오른쪽 손등으로 여러분을 칠 수 있다. 그것은 모욕을 뜻하는 고대의 관용적 표현이다. 따라서 예수님의 말씀을 듣던 사람들은 그 말씀이 만약 누가 우리를 모욕할 때 똑같이 대응하지 말아야 한다는 뜻으로 이해했을 가능성이 크다.

악을 악으로 갚아서는 안 된다. 핵심은 언어폭력에 대해 평화스럽게 자제하고 비폭력으로 대응해야 한다는 것이다. 예수님은 재판을 받으시는 동안 모욕을 당하고 뺨을 맞으셨고, 비록 천사들의 군단을 불러 얼마든지 도움을 받으실 수 있었지만 묵묵히 모욕을 참으셨다.

자기를 저주하는 자들을 축복하셨고 자기를 미워한 자들에게 선을 행하셨다. 한마디로 예수님은 원수들에게 사랑을 나타내셨다.

어느 정도까지 용서해야 하는가

그럼에도 불구하고 성경의 법은 부당하게 모욕을 당하는 상황에서 공의를 추구할 수 있는 다양한 방안을 제시한다. 사실상 모든 기독교 교회는 교회 법정을 정당하게 사용함으로써 교회 내 불화를 해결하기 위한 방안을 갖고 있다. 물론 심각한 분쟁을 해결하기 위해 세속 법정을 사용하는 방안도 있다.

우선 우리가 내릴 수 있는 결론은 다음과 같다. 만약 누가 우리에게 죄를 범하면 우리는 일방적으로 용서할 수 있지만, 그것은 상황 여하를 불문한 절대 의무가 아니다. 여기서 '가능'(may)과 '당위'(must)간의 중대한 차이를 보아야 한다. 누가복음 17장에서 예수님은 용서에 관해 길게 가르치시면서 다음과 같이 말씀하셨다. "만일 네 형제가 죄를 범하거든 경고하고 회개하거든 용서하라"(3절). 여기서 죄를 짓는 사람은 형제다. 때문에 이 명령은 우리에게 죄를 짓는 모든 사람에게 적용되지 않을 수 있다. 우리는 모든 사람을 이웃으로 대해야 하지만 모든 사람이 다 형제는 아니다. 형제는 구체적으로 동료 그리스도인을 가리킨다.

따라서 동료 그리스도인이 우리에게 죄를 짓는 경우에 대해서는 먼저 형제에게 경고해야(질책해야) 한다. 즉 모든 죄에 침묵을 지키라는 명령을 받은 게 아님이 분명해진다. 예수님은 죄를 지은 측에 질책을 하거나 훈계를 하라고 분명하게 말씀하신다. 그다음 교훈이 중요하다. 예수님은 "회개하거든 용서하라"고 말씀하신다. 여기에는 "회개하거든"이라는 조건절이 있다. 따라서 만일 형제가 회개하지 않으면 우리에게는 일방적으로 용서할 의무가 없는 셈이다. 하나님이 우리를 용서하시기 전에 먼저 회개를 요구하시는 것처럼 우리도 똑같은 요구를 할 수 있다.

물론 회개하지 않는 사람을 용서하기로 결정할 수 있지만, 그것이 회개하지 않는 사람을 반드시 용서해야 한다는 말은 아니다. 다만 회개의 조건이 부합한다면 용서해야 할 의무를 지게 된다. 형제가 회개하면 반드시 용서해야 한다. 회개하는 사람을 용서하지 않는 것은 그 자체가 용서받아야 할 죄다.

신학생 시절 나는 어느 작은 교회의 전도사였다. 그런데 그 교회의 기둥과 같은 여성의 딸에게 무례한 짓을 저질렀다. 그 딸은 깊은 상처를 받았고, 나는 그 여성을 찾아가 크게 사과했다. 하지만 그 여성은 나를 용서해주지 않았다. 그 후 두 번이나 더 찾아가 말 그대로 눈물을 흘리면서 사과를 했다. 그래도 용서해주지 않았다.

목사님과의 월례 모임 시간이 다가왔다. 목사님은 우리 교회 당회장이셨고 내 목회 감독관이었다. 연세는 여든다섯 살로 중국 오지에서 50년 동안 사역하고 은퇴하신 선교사였다. 그중 5년은 공산정권의 감옥에서 보내셨다. 매우 경건한 분이었다. 나는 첫 목회지에서 만난 곤경으로 인해 몹시 당혹스러운 마음을 품고 그분을 찾아갔다.

그리고 내가 저지른 일을 말씀드렸다. 그분은 내 말을 주의 깊게 듣고 나직이 이렇게 말씀하셨다. "스프로울 선생, 선생은 두 가지 중대한 실수를 저질렀군요. 첫 번째 실수야 자명하지요. 그 여성을 모욕하지 말았어야 합니다. 두 번째 실수는, 세 번씩이나 찾아가 사과를 하지 말았어야 해요. 처음 사과를 한 뒤에는 그 여성에게로 기회가 넘어간 거예요. 만약 그 여성이 선생을 용서하기 거부했다면 핀 숯을 자기 머리에 쌓고 있는 셈이지요."

연로한 성도의 말에 지혜가 담겨 있었다. 우리가 남에게 죄를 지으면 반드시 찾아가 회개해야 한다. 그러면 우리의 할 일은 끝난다. 마찬가지로 우리 형제가 우리에게 지은 죄를 회개하면 우리는 용서해 주어야 한다. 하지만 그다음에 생각해야 할 중요한 점이 남아 있다. 어떻게 용서해야 하는가?

이미 살펴본 대로 하나님은 우리를 용서하실 때 더 이상 우리 죄를 가지고 우리를 적대시하지 않으신다. 우리 죄를 더 이상 기억하지 않고 잊으신다. 하지만 그렇다고 해서 배상할 책임마저 사라지는 건 아니다. 배상은 로마 가톨릭교회 고해성사의 보속 행위 같은 게 아니다. 진 빚을 갚는다는 뜻이다.

예를 들어 내가 만약 고용주에게서 돈을 훔쳤다가 도둑질한 것을 회개한다면 죄를 자백하고 사과하는 것으로 끝나지 않는다. 돈을 돌려주고 고용주가 요구하는 벌금을 지불해야 한다. 삭개오는 이와 같은 배상의 원칙을 잘 알고 있었다. "주여 보시옵소서 내 소유의 절반을 가난한 자들에게 주겠사오며 만일 누구의 것을 속여 빼앗은 일이 있으면 네 갑절이나 갚겠나이다"(눅 19:8).

회개를 하더라도 진 빚은 반드시 갚아야 한다. 그것은 내 행동의 결과를 받아들이고 벌을 받는 것을 뜻한다. 우리는 세상(혹은 현세)의 죄책과 천상(혹은 영원)의 죄책을 구분한다. 만일 지상의 법을 어기고 하나님께 용서를 구하면 하나님의 영원한 용서를 받을 수 있지만 현세의 죄책에 대한 벌은 여전히 받아야 한다.

옛날 할리우드 갱 영화에는 사형 장면이 자주 나왔다. 사형수가 '마지막 길'을 걸어 교수대나 전기의자에 도착하면 목사가 곁으로 와 사죄의 기도를 드린다. 교수대와 성경이 나란히 있는 이미지는 전혀 어울리지 않는다.

그러나 성경은 율법을 어긴 자들에게, 심지어 범법 사실을 자백하고 참회하는 자들에 대해서도 실제 형벌을 가하라고 명령한다. 세속 관리는 공의와 자비를 적당하게 뒤섞을 수 있지만, 하나님은 참회하는 죄인에게 모든 형벌을 면제해주라고 명령하신 적이 없다. 회개하는 사람은 자신의 뉘우침으로 하나님을 기쁘시게 하지만, 사회는 공의를 엄격히 집행하도록 요구할 권리를 갖고 있다.

반복되는 죄

결혼서약을 파기한 것에 대해서는 용서를 어떻게 적용해야 할까? 어떤 사람이 간음을 범한 뒤 그 죄가 드러났다고 가정해보자. 그는 자기 죄를 자백하고 몹시 수치스럽고 후회하는 모습을 보이며 아내에게 용서해달라고 구한다. 그런 상황에서 아내의 도덕적 의무는 무엇일까?

이 질문에는 간단한 대답과 복잡한 대답이 있다. 첫 번째는 간단한 대답이다. 예수님은 죄를 짓고 나서 찾아와 회개하는 자를 용서해주라고 하셨다. 그러므로 아내는 참회하는 남편을 반드시 용서해주어야 한다.

두 번째 복잡한 대답은 '어떤 방법으로 용서해야 하는가?' 라는 질문을 가지고 생각해보는 것이다. 좀 더 자세하게 표현하면 '아내는 남편을 용서한 뒤 이혼할 수 있는가?' 이다

표면적으로는 그런 질문을 하는 것 자체가 불합리해 보일 수 있다. 용서한다면 이혼을 생각하지 말아야 하는 것 같다. 그러나 이것은 그리 간단한 문제가 아니다. 간음을 범하고 참회하는 사람과 이혼할 것인가에 대한 문제를 푸는 데는 기본적으로 세 가지 해결책이 있다.

해결책 1 : 어떤 근거로도 이혼은 정당화할 수 없다고 확신하는 그리스도인들이 많다. 이 사람들에게 해결책은 간단하다. 남편이 회개하지 않더라도 아내는 이혼할 수 없다.

해결책 2 : 이 해결책은 간음의 경우 이혼을 허용한다. 남편이 회개하지 않을 때 아내는 정당하게 이혼할 수 있다는 입장을 취한다. 그러나 남편이 회개하면 아내는 그를 용서하고 계속 같이 살아야 할 의무가 있다.

해결책 3 : 이 견해도 간음에 대한 이혼권을 인정한다. 이혼을 명령하

는 것이 아니라 허용하는 것이다. 이 견해는 남편이 회개를 하더라도 아내는 이혼권을 정당하게 행사할 수 있다는 것이다. 아내는 남편을 반드시 용서하고 그리스도 안의 형제로 받아들여야 한다. 하지만 계속 부부로 남아야 할 의무는 없다. 결혼권 포기를 남편의 범죄에 대한 사회적 형벌의 일환으로 본다.

이런 쟁점들은 해결하기가 대단히 어렵지만 한 가지만은 분명하다. 그것은 용서한다고 해서 반드시 형벌도 배상도 가하지 않는 게 아니라는 점이다. 용서한다는 것은 개인 관계를 경색시키지 않은 채 유지하겠다는 뜻이다. 더불어 개인 관계에 죄가 다시 끼어들지 못하게 하겠다는 뜻이기도 하다.

누가복음 17장에서 예수님은 만일 형제가 하루에 일곱 번 죄를 범하고 일곱 번 회개할 경우 "용서하라"고 하셨다. "당신은 삼진 아웃이오."라고 말하는 걸 허락하지 않으신다. 만일 형제가 내게 죄를 범하고 회개하여 용서했는데 그다음에도 같은 죄를 범한다면 "이번이 두 번째요."라고 말해서는 안 된다.

다시 말해 남의 죄에 대한 기록표를 작성하면 안 된다. 예전에 지은 죄에 대해 형제를 용서하고 그 죄를 제쳐둔다면 그 죄 때문에 형제를 적대시하지 않겠노라고 약속하는 것이다. 만일 그가 다시 죄를 짓는다면 그 죄는 이전의 죄와 아무런 상관이 없기 때문에 "이번이 첫 번째요!"라고 말해야 한다.

하지만 이것은 상당히 어려운 일이다. 특히 반복해서 죄를 짓는 경우에는 자비를 베풀기가 대단히 힘들다. '한 번 속으면 상대가 밉고 두 번 속으면 나 자신이 밉다'는 말이 있다. 그만큼 같은 죄를 두 번 용서한다는 건 대단히 어려운 일이다. 일곱 번 용서하려면 인내력의 한계에 도달해야 한다. 제자들이 예수님의 명령을 듣고 "우리에게 믿음을 더하소서"(눅 17:5)라고 말한 것이 하나도 이상하지 않다.

과거의 죄에 대한 용서

그리스도인은 회심하기 전에 지은 죄를 용서받을 수 있을까? 물론 용서받을 수 있다. 용서받을 수 없다면 우리는 여전히 하나님의 심판을 받게 될 저주 아래 놓이게 될 것이다. 그리스도의 속죄는 우리의 모든 죄에 대해서 이루어졌다.

다음 질문에는 그렇다고 대답할 사람이 별로 많지 않을 것이다. 그리스도인은 회심하기 전에 지은 죄에 대해 책임을 져야 하는가? 이번에도 표면적으로는 그렇다고 대답하는 게 자명해 보인다. 배상의 원칙이 그대로 적용되어야 할 것 같다.

이 질문에 아니라고 대답하는 사람들은 특정 상황과 특정 논리에 기초하여 그렇게 대답한다. 이번에도 상황은 결혼과 이혼이다. 어떤 사람이 부당하게, 즉 성경적 근거를 떠나 아내와 이혼했다고 가정하자. 5년 뒤 그 사람이 회심한다. 그리고 어느 그리스도인 여성을 사랑하게 되어 그녀와 결혼하고 싶어 한다. 이런 경우 교회는 어떻게 대처해야 할까? 이혼한 아내와 화해하라고 요구해야 할까, 아니면

9. 참용서 | 147

자유롭게 새로 결혼하도록 허락해야 할까?

과거의 아내에 대해 아무런 책임도 지지 않고 자유롭게 재혼해도 된다고 주장하는 사람들은 종종 그 사람이 그리스도 안에서 '새로운 피조물'이라는 점을 근거로 댄다. 새로 태어났으므로 이제는 과거와 동일한 사람이 아니고, 따라서 회심 이전의 행위를 책임질 이유가 없다는 주장이다.

그러나 이것은 성경 원칙에 대한 심각한 왜곡이다. 물론 나는 그리스도 안에서 새로운 피조물이지만, 새로운 피조물은 다름 아닌 '나' 곧 스프로울이다. 스프로울이 거듭날 수 있지만 새 스프로울과 옛 스프로울 사이에는 개인적 연속성이 있다. 새 스프로울이 됐다 하더라도 여전히 옛 스프로울이 진 빚을 갚아야 한다.

다음 시나리오를 생각해보라. 오후 4시에 스미스 씨가 사장의 돈 천 달러를 훔친다. 그리고 오후 5시에 회심한다. 그러면 훔친 돈을 그냥 가져도 될까? 정반대다. 회개는 개인의 의무를 없애는 게 아니라 오히려 늘린다. 거듭난 사람은 빚을 갚겠다는 생각을 훨씬 더 면밀하게 해야 하고 언제든 기회만 되면 충분히 갚아야 한다.

이와 같이 충분한 배상이 진정한 회개의 핵심이다. 진정으로 용서를 받으려면 진정으로 회개해야 하고, 철저히 용서를 받으려면 철저히 회개해야 한다. 하나님을 기쁘시게 할 생각이라면 회개해야 한다. 물론 그 대가가 클 수 있다. 사실 그 대가가 크다는 것을 알 때 비로소 '값없는 은혜'의 진정한 뜻을 발견하게 된다. 온전히 용서받는 것의 가치는 무한하다. 온전히 용서받을 때 얻는 유익에 비하면 회개의 대가는 턱없이 싸다. 이 세상에 사죄의 은혜만큼 싼 거래는 없다.

우리가 섬기는 용서의 하나님은 친히 내미시는 용서를 우리가 감사히 받을 때 기뻐하신다. 또 우리가 장성한 사람답게 책임을 지고 지난날 다른 사람에게 저지른 죄를 바로잡을 때 기뻐하신다. 신약성경을 정확하게 읽어보면 하나님 나라는 책임질 줄 알고 용서를 베푸는 사람들로 이루어지는 것 같다.

10. 육체와 성령 사이의 싸움

―――――― R. C. 스프로울 ――――――

앞에서 죄책과 두려움이 평생 지고 가야 할 무서운 짐이라는 것을 살펴보았다. 다음의 성경구절에는 복음이 주는 기쁨이 있다. "보라 이것이 네 입에 닿았으니 네 악이 제하여졌고"(사 6:7). 이사야의 입에 댄 핀 숯은 죄책에 짓눌린 영혼을 능히 일으키시는, 용서하시는 하나님의 권능을 상징한다.

하나님이 우리의 죄악을 옮기실 때, 우리의 죄악을 우리에게서 옮기실 때 우리는 세상의 그 무엇과도 비견할 수 없는 자유를 경험한다. 뜻밖의 행운도, 군사적 승리도, 선거 결과도, 사랑도, 승진도 하나님의 "네 죄 사함을 받았느니라"는 말씀만큼 사람의 영혼을 자유롭게 하지 못한다.

사도 바울은 죄책이라는 두려운 짐을 묘사하기 위해 무척 생생하고 거친 수사법을 사용했다. "오호라 나는 곤고한 사람이로다 이 사망의 몸에서 누가 나를 건져내랴"(롬 7:24).

'사망의 몸'이란 표현 때문에 이 수사법은 거칠기 이를 데 없다. 고대의 많은 문화권에서는 냉혹한 살인자를 희생자의 시체에 사슬로 묶어 놓는 관습이 있었다. 썩어가는 시체에 묶여 있는 것을 상상해보라. 아마 가까운 곳에 시체를 놓고 썩는 것을 방치하기만 해도 사람들을 미치게 만들 것이다.

따라서 이것은 그리스도인의 삶에 대한 매우 적절한 유추다. 우리의 옛 본성은 그리스도와 함께 십자가에 못 박혔다. 옛사람은 사형선고를 받았다. 그것을 우리는 그리스도 안에서 이미 죽은 것이라고 여겨야 한다. 그리스도인은 성령께서 살리신 새로운 피조물이다.

하지만 여기에 우리의 딜레마가 있다. 옛사람은 죽었다고 선언되었으나 우리는 그에게서 완전히 해방된 것이 아니다. 우리는 여전히 비참한 옛 본성을 끌고 다닌다. 시체가 자신이 죽은 줄을 모르는 것과 같다.

그 딜레마를 나는 다음과 같이 설명한 적이 있다. 우리의 옛 본성은 모가지가 잘린 닭과 같다. 닭이 온 마당을 뛰어다니면서 날개를 치고 꽥꽥거린다. 이 비유는 꽤 잘 통했다. 모가지가 잘린 닭은 더 이상 꽥꽥거릴 수 없다고 어느 농부가 점잖게 지적하기 전까지 말이다!

모가지가 없는 닭은 울 수 없지만 우리 옛 본성은 미친 듯이 울어댄다. 도대체 죽었다고 보기 어려울 정도로 난동을 부린다. 한마디로 옛사람은 계속해서 우리에게 죄를 짓도록 자극한다. 때문에 그리스도인은 매일 새롭고 생명력 넘치는 사죄를 체험하길 바라며 은혜의 보좌로 나아가는 것이다.

나는 설교자들이 "예수께 나오세요. 그러면 여러분의 모든 문제가 해결될 것입니다!"라고 외치는 소리를 들을 때 화가 치밀어오른다. 그것은 복음을 사실과 다르게 전하는 것이다. 어떤 의미에서 그리스도인이 되기 전까지는 삶이 그렇게 복잡하지 않다. 성령으로 거듭날 때 옛사람과 새사람 간의 치열한 투쟁 속으로 새롭게 태어난다. 그것은 새로워지고 예민해진 양심을 가질 때 맞이하는 투쟁이다.

옛 생활은 일관되게 불순종하던 삶이었다. 그 삶을 바울은 에베소서에서 다음과 같이 묘사한다.

> "그는 허물과 죄로 죽었던 너희를 살리셨도다 그때에 너희는 그 가운데서 행하여 이 세상 풍조를 따르고 공중의 권세 잡은 자를 따랐으니 곧 지금 불순종의 아들들 가운데서 역사하는 영이라 전에는 우리도 다 그 가운데서 우리 육체의 욕심을 따라 지내며 육체와 마음의 원하는 것을 하여 다른 이들과 같이 본질상 진노의 자녀이었더니"(엡 2:1-3).

이 구절은 거듭나지 못한 인생의 일관된 불순종을 잘 보여준다. 인생에는 한 가지 길, 곧 이 세상의 길이 있을 뿐이다. 하나의 주인, 곧 공중의 권세를 잡은 사탄이 있을 뿐이다. 아우구스티누스는 사람이 말과 같다고 했다. 그 말은 사탄이 몰든 성령께서 몰든 둘 중 하나라는 뜻이다. 이 비유는 한 가지 경우만 빼고 유익하다. 그리스도인으로 사는 것은 사탄에게만 조종되던 과거처럼 삶이 일관되게 진행되지 않는다. 확실히 사탄은 우리의 잔등에서 떨어지고 이제는 성령께서 안장에 앉아 계신다. 그러나 사탄은 여전히 온 힘을 기울여 고삐를 붙잡고 있다. 그래서 말은 갈지자로 달린다. 곤두서기도 하고 뒷발질도 하면서 새 주인을 안장에서 떨어뜨리려고 한다. 옛 주인이 코를 쓰다듬어주기 바라면서 울며 뿌리친다. 바울은 이것을 다음과 같이 표현한다.

"우리가 율법은 신령한 줄 알거니와 나는 육신에 속하여 죄 아래에 팔렸도다 내가 행하는 것을 내가 알지 못하노니 곧 내가 원하는 것은 행하지 아니하고 도리어 미워하는 것을 행함이라 만일 내가 원하지 아니하는 그것을 행하면 내가 이로써 율법이 선한 것을 시인하노니 이제는 그것을 행하는 자가 내가 아니요 내 속에 거하는 죄니라 내 속 곧 내 육신에 선한 것이 거하지 아니하는 줄을 아노니 원함은 내게 있으나 선을 행하는 것은 없노라 내가 원하는 바 선은 행하지 아니하고 도리어 원하지 아니하는 바 악을 행하는도다"(롬 7:14-19).

반율법주의적 견해

로마서 7장은 많이 논쟁되는 본문이다. 첫째는 이른바 육체적 그리스도인 개념에 관한 것이다. 복음주의 기독교에는 그리스도인에 두 가지 부류가 있다는 생각이 널리 퍼져 있다. 바로 육적 그리스도인과 영적 그리스도인이다. 육적 그리스도인은 그리스도를 자기 인생의 보좌에 모시지 않고 항상 불순종하며 사는 신자다. 반면 삶의 특징이 순종과 영적 헌신으로 요약되는 '성령 충만한' 그리스도인이 있다. 이들에게는 그리스도께서 삶의 보좌에 앉아 다스리신다.

그러나 이 구분에는 위험이 가득 차 있다. 양면성을 띤 위험이고, 둘 다 진리를 추하게 왜곡시킨다. 첫째 왜곡은 반율법주의(antinominianism)라는 고대 이설의 왜곡이다. 반율법주의는 문자 그대로 '율법을 반대하는 주의'다. 반율법주의가 부르는 노래는 이렇다.

"율법에서 해방되는 것은 얼마나 복된 상태인가. 원하는 죄를 다 지을 수 있으며 모든 것을 용서받는다!" 이 왜곡은 은혜와 사죄에 대한 그릇된 견해에 근거한다. 그리스도를 구주로 영접하되 주(主)로는 영접하지 않을 수 있다는 생각이 그 안에 담겨 있다. 순종 없는 믿음과 선행 없는 믿음을 상징한다. 이것이 바로 야고보가 쓰는 '죽은 믿음'이요, 믿음이 아닌 믿음이요, 하나님을 결코 기쁘시게 할 수 없는 믿음이다.

여기서 '육적인 그리스도인'이라 함은 그리스도를 믿는다 하면서 항상 육욕의 지배를 받는 생활을 하며 성령의 열매를 맺지 못하는 사람이다. 하지만 육적인 그리스도인이란 표현에는 엄청난 모순이 담겨 있다. 그런 사람은 육적인 그리스도인이라 부를 수 없다. '육적인 비그리스도인'으로 생각해야 옳다. 그렇게 일관적으로 세속적인 삶만 나타낸다면 그는 그리스도인이 아니다. 그는 자기 안에 살아계시는 그리스도의 영을 갖고 있지 않다. 성령으로 거듭나고도 삶에 변화가 생기지 않는 일은 있을 수 없다. 열매가 없는 그리스도인은 그리스도인이 아니다. 반율법주의는 불순종의 아들들 속에서 역사하는 불법의 영이며, 육적인 그리스도인이 말하는 '믿음'은 믿음이 아니다. 그것은 불경건한 자에게 의롭다 함을 얻게 할 수 없다. 하나님을 기쁘시게 할 수도 없다.

오직 믿음으로 의롭다 함을 받는다는 게 겨우 믿음만 가지고 되는 것이 아님을 기억해야 한다. 모든 프로테스탄트 교회의 핵심적인 주장은 우리가 행위로 의롭다 함을 받는 게 아니라 믿음으로 의롭다 함을 받는다는 것이다. 그러나 의롭다 함을 얻게 하는 믿음이 신자의 삶에 존재하는 순간부터 변화가 시작되며, 그 변화는 순종하는 삶으로 입증될 것이다. 선행은 참믿음에서 필연적으로 흘러나온다. 그 행위가 우리를 의롭게 하는 것이 아니다. 우리를 의롭게 하는 것은 그리스도의 의다. 그러나 선행이 없다면 그것은 우리가 참믿음을 갖고 있지 않고, 여전히 의롭다 함을 받지 못한 사람이라는 결정적인 증거가 된다.

결국 반율법주의에서는 육적인 그리스도인이라는 개념이 없다. 그 개념은 자체적으로 모순일 뿐 아니라 위험하기까지 하다. 위험한 이유는 다음과 같다.

사람들은 믿음을 고백하는 것이 구원에 필요한 전부라고 생각하려 한다. 그러나 성경은 입으로는 그리스도를 존경하면서 마음으로는 멀리 떨어질 수 있다고 경고한다. 다시 말해 믿음의 실재는 갖고 있지 않으면서 믿는다고 말할 수 있다. "내 형제들아 만일 사람이 믿음이 있노라 하고 행함이 없으면 무슨 유익이 있으리요 그 믿음이 능히 자기를 구원하겠느냐"(약 2:14).

야고보는 그런 믿음은 죽은 것이고 아무도 구원할 수 없다고 힘주어 말함으로써 그 질문에 스스로 대답한다. 따라서 이렇게 결론을 내릴 수 있다. 즉 구원을 얻으려면 입으로 믿음을 고백해야 하지만 단순히 믿음을 고백하는 것만으로는 충분하지 않다. 고백하는 바를 소유해야 한다. 우리를 의롭다 하는 것은 단지 믿음을 고백하는 것이 아니라 구원의 믿음을 소유하는 것이다.

완전주의적 견해

그리스도인을 두 부류, 곧 육적인 그리스도인과 성령 충만한 그리스도인으로 구분하는 두 번째 해묵은 이설은 완전주의다. 이 이설은 반율법주의와 정반대 방향에서 오류를 범한다. 완전주의는 이생에서 도덕적 완성을 성취하는 그리스도인들이 있다고 가르친다. 물론 완전주의도 성령이 그리스도인에게 죄에 대한 철저한 승리를 가져다주는 분이라 여겨 성령께 공로를 돌린다. 그러나 완전주의에는 일종의 엘리트주의가 있다. 완전을 성취하는 사람들은 그렇지 않은 그리스도인들보다 위대하다는 생각이다. '완전한' 자들은 겉으로는 그 공로를 자기에게 돌리지 않지만 은연중에 독선과 교만을 갖고 있다. 또한 완전주의의 위험은 인간 정신을 심각하게 왜곡시킨다. 사실은 그렇지 않은데 무죄 상태에 도달했다고 생각하게 만드는 것이 얼마나 큰 왜곡이겠는가!

이러한 완전주의는 필연적으로 한두 가지의 치명적인 망상을 갖게 만든다. 자기가 무죄를 성취했다고 확신하게 되면 자신의 도덕 행위를 터무니없이 과대평가하거나 하나님의 율법을 심각하게 과소평가하는 오류를 범하게 된다. 그러므로 완전주의의 아이러니는 다음과 같다. 즉 반율법주의와 거리를 멀리 두려고 하면서 결국 똑같은 오류에 빠져드는 것이다.

자신이 무죄하다고 믿기 위해서는 율법의 기준을 턱없이 낮추지 않으면 안 된다. 하나님의 의의 수준을 우리 수준으로 낮추는 것이다. 결국 하나님의 율법과 자신의 순종에 대해 스스로 속이게 된다. 그리고 죄를 깨닫게 하시는 성령을 소멸하게 된다. 따라서 그렇게 하는 사람들은 성령 충만한 사람들이 아니라 성령을 소멸하는 사람들이다.

성화가 꾸준히 진행되고 있음을 보여주는 참된 표식들 가운데 하나는 우리가 완전에 도달하기에 얼마나 부족한가를 갈수록 절감하는 것이다. 그러므로 완전주의는 사실 변장한 반완전주의다. 즉 자신이 완전해지고 있다고 생각한다면 오히려 완전으로부터 멀리 떨어져 있는 것이다.

그리스도인이 된 지 1년쯤 된 어느 청년을 만난 적이 있다. 그는 자기가 '두 번째 복'을 받았고 지금은 승리의 삶, 죄 없는 완전한 삶을 누리고 있다고 자신 있게 말했다. 나는 즉시 로마서 7장에 기록된 바울의 가르침을 상기시켰다. 로마서 7장은 성경이 모든 완전주의 교리에 가하는 치명타다. 그 젊은이는 즉시 완전주의 이단설의 고전적인 주장을 가지고 반박했다. 로마서 7장에서 바울은 회심하기 이전의 상태를 묘사하고 있다고 했다.

나는 그 젊은이에게 로마서 7장을 바울의 회심 이전의 생활상으로 단정하는 건 해석학적으로 불가능하다고 설명해주었다. 우리는 본문을 자세히 검토했다. 그리고 마침내 그 젊은이는 바울이 현재 시제로 글을 썼다는 내 말에 동의했다. 그런 다음 그가 내놓은 반론은 이랬다. "좋습니다. 바울이 자신의 현재 경험을 말하고 있다고 칩시다. 그렇다면 그는 아직 두 번째 복을 받지 못한 것이겠지요."

나는 이렇게 영적으로 교만할 수 있는가 하는 생각에 당혹감을 감출 수 없었다. 그래서 그에게 날카롭게 물었다. "젊은이는 열아홉 살에, 그것도 믿음생활한 지 1년 만에 바울이 로마서를 쓸 때보다 더 높은 영적 수준에 도달했다는 말인가요?"

참으로 놀랍게도 그 젊은이는 조금도 주저하는 기색 없이 "그렇습니다!"라고 대답했다. 완전주의자들은 그 정도로 자신이 완전에 도달했다고 스스로를 기만한다.

그 젊은이처럼 완전주의가 말하는 '두 번째 복'을 받았다고 주장하는 한 여성과 대화를 나눈 적이 있다. 그 여성은 자신의 주장에 조금 단서를 붙였다. 자기는 의도적인 죄를 범하지 않을 만큼 완전히 성화하여 거룩함에 들어갔다는 것이다. 그러나 때로는 죄를 짓는데 고의로 짓는 건 아니라고 했다. 즉 자기가 현재 짓는 죄는 전혀 고의가 아니라고 했다.

대체 고의적으로 죄를 짓지 않는다는 게 무슨 말일까? 모든 죄에는 의지가 발휘된다. 어떤 행위가 의지와 무관하게 발생한다면 그것은 도덕적 행위가 아니다. 모든 죄는 고의적이다. 실로 의지의 부패한 경향이 죄의 본질이다. 죄를 지으려는 의지가 없으면 죄를 짓지 않는다. 그 여성은 자기가 죄지을 뜻을 품었음을 부인함으로써 자기 죄를 변명하고 있는 것이다. 그녀는 자기 죄가 그저 '우연히 발생한' 것이라고 했다. "원래는 그럴 의도가 아니었습니다."라는 말이 인간의 가장 오래된 자기변명이다.

웨슬리언 교파의 한 지류에는 또 다른 형태로 수정된 완전주의가 있다. 그들은 완전의 성취를 완전한 사랑으로 제한한다. 사람은 도덕적인 연약성 때문에 계속해서 투쟁할 수 있으나 적어도 완전한 사랑의 복은 받을 수 있다는 것이다. 그러나 이 점을 잠시 생각해보자. 만약 절대적으로 완전한 사랑의 복을 받았다면 어떻게 다른 죄를 지을 마음이 생기겠는가? 만일 내가 하나님을 완전하게 사랑한다면 오직 하나님께 순종할 마음만 생길 것이다. 하나님을 완전히 사랑하는 사람이 어떻게 하나님을 거슬러 죄를 지을 수 있겠는가!

이렇게 대답할 사람이 있을지 모른다. "우리는 무지 가운데 죄를 지을 수 있다." 그러나 하나님을 사랑하는 데 발휘되어야 한다는 그 완전한 사랑은 마음뿐 아니라 정신까지 내놓는 사랑이다. 만일 온 정신을 쏟아 하나님을 완전히 사랑한다면 어떻게 그런 무지가 흘러나올 수 있겠는가? 정신으로 하나님을 완전하게 사랑하는 사람은 하나님의 말씀을 공부하고 통달하는 데에도 철저히 부지런하다. 따라서 완전한 사랑을 보이는 정신은 성경을 이해하는 데 있어서 오류를 범하지 않는다.

하지만 정신이 완전하지 못해서 잘못을 범할 수도 있지 않을까? 나는 왜 우리 정신이 완전하지 못한지를 묻고 싶다. 그것은 두뇌나 사고 기능이 부족하기 때문이 아니다. 마음에 구름이 끼어 있기 때문에 정신에도 구름이 끼어 있는 것이다. 마음에서 구름을 거둬내면 하나님의 밝은 빛으로 정신이 밝아진다.

또 완전한 사랑을 갖고 있다면 완전한 순종을 내놓게 마련이다. 이 세상이 목격한, 유일하게 완전한 사랑은 완전한 순종을 내놓으신 그리스도의 사랑이다. 예수님은 아버지를 완전하게 사랑하셨다. 고의든 부지 중이든 전혀 죄를 짓지 않으셨다.

성경적 견해

로마서 7장 14절에서 바울은 "나는 육신에 속하여 죄 아래에 팔렸도다"라고 탄식한다. 바울이 육적인 그리스도인이었다는 뜻일까? 그가 그리스도를 구주로 영접하되 주(主)로는 영접하지 않은 걸까? 이런 질문이나 이 질문에 대답하는 것 모두 어리석다. 세상은 사도 바울보다 더 성령 충만한 그리스도인을 본 적이 없다. 그런데도 그는 "나는 육신에 속하여"라고 말했다.

바울은 자기가 육신에 속했다고 말할 때 그리스도인의 삶에서 벌어지는 옛사람과 새사람 간의 지속적인 투쟁, 즉 육체와 성령 사이에서 진행되는 싸움을 말하고 있다. 그러한 싸움을 그는 다음과 같은 말로 요약한다.

> "내 속사람으로는 하나님의 법을 즐거워하되 내 지체 속에서 한 다른 법이 내 마음의 법과 싸워 내 지체 속에 있는 죄의 법으로 나를 사로잡는 것을 보는도다 오호라 나는 곤고한 사람이로다 이 사망의 몸에서 누가 나를 건져내랴 우리 주 예수 그리스도로 말미암아 하나님께 감사하리로다 그런즉 내 자신이 마음으로는 하나님의 법을 육신으로는 죄의 법을 섬기노라"(롬 7:22-25).

바울이 한참 개인의 투쟁을 이야기하다가 송영으로 마무리 짓는 게 특이하다. 그는 우리가 속사람으로 가지고 있는 구원에 대하여 그리스도를 통해 하나님께 찬송과 감사를 드린다.

대학생 선교회(Campus Crusade for Christ)가 발행한 유명한 「성령 소책자」(The Holy Spirit Booklet, 표지를 장식한 비둘기 그림 때문에 「새책」[Bird Book]이라는 애칭으로도 불림)에서는 육적인 그리스도인과 성령 충만한 그리스도인을 구분한다. 표면상으로는 마치 빌 브라이트 박사가 두 종류의 그리스도인을 엄격히 구분해서 가르치는 것처럼 보인다. 그러나 내 생각에 그것은 그 책이나 저자의 의도가 아니다. 오히려 브라이트 박사는 목회 방식을 사용하여 모든 진실한 그리스도인이 직면하는 육체와 성령 간의 투쟁을 논하고 있다고 보는 것이 옳다. 그 책의 목적은 옛사람의 악한 성향들을 제재하기 위해 성령의 권능을 힘입어 살게 하려는 것이다. 옛사람은 매일 죽어야 한다. 우리의 모든 것을 주관하기 바라시는 성령께로부터 눈을 떼지 않아야 그리스도인으로서 제대로 살아갈 수 있다. 우리 믿음을 내신 분이요 완성시키시는 분인 그리스도를 바라볼 때 그 싸움은 우리의 손을 떠나 그분께로 올라간다.

이처럼 육체의 옛 본성과 싸우는 모든 그리스도인은 '육적'이라 말할 수 있다. 그러나 육체가 삶을 전부 지배한다는 의미에서 육적인 참그리스도인이란 없다. 만약 육적인 면이 철저히 지배하고 있다면 스스로 아직 거듭나지 않았다는 것을 알 것이다.

우리는 옛사람을 극복하기 위해 성령 충만하게 살라는 부르심을 받는다. 성령 충만해야 하는 이유는 우리 속에 있는 죄의 세력 때문이다. 이 거룩한 충만을 구함으로써 우리는 하나님을 기쁘시게 한다. 하나님은 우리가 '완전한' 상태에서 즐거워할 때 기뻐하시는 것이 아니라 하나님을 절실히 필요로 하고 '사망의 몸'을 혐오할 때 기뻐하신다. 그리스도인의 삶에서 그 사망의 몸은 하나님의 은혜로 점점 더 그 의미가 줄어들 것이다.

11. 교만

———— R. C. 스프로울 ————

칼 바르트는 타락한 사람이 다른 모든 죄의 뿌리가 되는 세 가지 주된, 혹은 기본적인 죄를 갖고 있다고 말했다. 그 세 가지 죄는 바로 교만, 나태, 부정직이다. 바르트의 평가가 옳았는지는 쟁점이 될 수 있겠지만, 이 세 가지 악이 실로 가공할 만한 것이라는 데에는 의심의 여지가 없다. 이것은 다양한 방식으로 그 추한 얼굴을 내밀며 참 경건을 얻으려는 우리의 노력을 수포로 돌아가게 한다.

이 장에서는 그중 첫 번째인 교만에 대해 살펴보겠다. 교만에 대한 고전적인 성경구절은 아마도 자주 인용되는 다음의 잠언 말씀일 것이다. "교만은 패망의 선봉이요 거만한 마음은 넘어짐의 앞잡이니라 겸손한 자와 함께하여 마음을 낮추는 것이 교만한 자와 함께하여 탈취물을 나누는 것보다 나으니라"(잠 16:18-19). 교만은 패망의 선봉이다. 여기서 패망은 붕괴를 뜻한다. 사람은 중단 없이 전진하고 자신의 제국이나 명성을 건설하면서 높이 비약할 수 있다. 그러나 교만이 견고한 기초를 훼손할 때 이 모든 것이 붕괴한다. 패망하는 자들의 애처로운 외침은 "나는 망했다"는 것이다. 인생에서 난파를 만난 사람들에게 듣는 두려운 외침이요 애처로운 하소연이다.

어느 날 아침 나는 교만(자존심) 때문에 몹시 우스운 일을 겪었다. 동이 텄을 때 아내와 슈퍼마켓에 갔다. 슈퍼마켓 앞에 주차를 한 뒤 밖으로 나가려고 할 때 아내 베스타가 이렇게 말했다. "내가 차 밖으로 나갈 거라고 기대하지 마세요. 아시다시피 나도 자존심이 있으니까요." 그러면서 잠자리에서 막 일어난 부스스한 모습이었던 베스타가 따라 나서지 않았다. 헐렁한 바지에 헐거운 남자용 셔츠를 입은 아내는 화장도 하지 않은 상태였다. 머리도 빗지 않았다. 아내는 "아시다시피 자존심이 있으니까요."라고 거듭 말했다. 장난기가 발동한 나는 씩 웃으며 말했다. "하나 물어볼 게 있소." "뭔데요?" 나는 아내의 옷차림새를 훑어보며 말했다. "뭐가 어떻다는 거요?" 그러자 아내는 책으로 내 머리를 치려는 시늉을 했다. 그리고 루터가 사랑하는 아내 카티 폰 보라에 대해 했던 유명한 말을 사실로 입증했다. "하나님이 내게 온순한 아내 주시기를 원하셨다면 돌을 깎아 아내를 만드셔야 했을 겁니다!" 그러나 베스타가 그 순간에 말한 자존심은 성경이 경계하는 자존심, 곧 교만과는 달랐다. 자기 일에 자부심을 갖거나 아름다워 보이기 바라는 것은 악하지 않다. 이런 문제는 단순히 인간의 존엄에 관한 관심사다. 좋은 직업을 가지고 싶어 하는 것 역시 죄가 아니다. 뛰어나려고 노력하는 것도 덕이지 악이 아니다. 자기가 해놓은 일을 보고 마음이 뿌듯한 것은 일이 잘된 것에 대해 만족하는 것이다. 하나님께서도 친히 이루신 일이 보시기에 좋았다고 했다. 여기서 하나님은 멸망을 초래하는 교만한 마음을 가지신 게 아니다.

잠언은 자부심과 교만을 관련짓는다. 그리고 교만은 건방진 태도를 가져온다. 누구나 금방 알 수 있다. 성경은 하나님이 싫어하시는 일에 관해 경계한다. "여호와께서 미워하시는 것 곧 그의 마음에 싫어하시는 것이 예닐곱 가지이니 곧 교만한 눈과……"(잠 6:16-17).

교만으로부터 생겨나 사람을 멸망케 하는 자부심은 인류 역사에서 가장 파괴적인 사건에 뚜렷하게 나타난다. 이 사건은 단순히 '타락'으로 언급되지 않고 전 인류를 타락시킨 '그' 타락(the Fall)으로 묘사되었다. 에덴동산에서 최초의 죄는 교만이었다. 뱀의 유혹은 하나님처럼 될 거라는 말과 함께 왔다(창 3:5). 뛰어나게 된다는 것과 하나님과 동등해진다는 것은 전혀 별개다. 사람들 사이에서 권력과 주권에 대한 욕구는 끝이 없다. 우리는 모든 사람 위에 올라서려는 유혹에 매우 취약하다. 우리 의견을 말할 때도 그것을 변호할 필요 없이 주장하고 싶어 한다. "내가 그렇게 말하기 때문에"라는 말은 궁극적으로 하나님이 사용하실 때만 유효하다. 하나님같이 되려는 유혹은 우리가 생각하는 것보다 크다. 우리는 법에 예속되는 것을 싫어한다. 상대방의 권위가 너무 클 때는 그 밑에 들어가기를 주저한다. 자유로운 것, 즉 모든 규제와 모든 책임에서 자유로운 것을 좋아한다.

자율 추구

자유는 실로 소중한 것이다. 그러나 인간의 자유에는 제약이 있다. 사실 우리는 여러 가지 규제를 받으며 책임을 지고 있다. 궁극적으로 우리는 하나님께 책임을 진다. 하고 싶은 모든 것을 하도록 허용받지 못한다.

얼마 전 친구와 함께 차를 타고 어느 도시의 거리를 달리고 있었다. 그러다가 우리가 엉뚱한 방향으로 가고 있다는 것을 알았다. 교차로에 접근했을 때 '유턴 금지'라는 표지판이 눈에 들어왔지만 친구는 그곳에서 유턴을 하고 반대 방향으로 차를 몰았다. 내가 그 불법 행위를 나무라자 친구는 "금속 신호에 겁먹지 않아도 돼."라고 말했다. 그 말은 법을 우습게 안다는 표시였다. 순간적으로 나는 세속 관리들에게 순종하라는 성경의 권고가 생각났다. 물론 때로는 법이 공의보다는 현실과 동떨어진 행정 편의주의에서 나왔다는 인상을 주는 경우가 있지만, 그럼에도 우리는 무법천지를 피하라는 명령을 받는다. 내가 법에 순종하는 것은 금속 표지에 복종하는 게 아니다. 그것은 그리스도께서 세우신 권세들에게 복종한다는 태도의 표시로 그리스도께 드리는 것이다.

물론 그리스도인들이 세속 권력에 불복종할 수 있고 반드시 불복종해야 할 때가 있지만, 그러려면 정당하고 필연적인 이유가 있어야 한다. 단순히 법이 우리에게 불편을 끼친다는 이유로 법에 불복종해서는 안 된다. 그것은 법 위에 올라선다는 것이고, 멸망으로 인도하는 교만의 징후다.

마찬가지로 하나님과 동등해지려고 하는 것은 곧 법 위에 올라서려고 하는 것이며 자율권을 얻으려고 하는 것이다. 자율(自律, autonomy)이란 문자적으로 '자기 법'이란 뜻이다. 따라서 철저한 자율을 추구하는 사람은 스스로 법이 되려는 사람이다. 그는 아무에게도 책임을 지지 않는다.

여기서 주의해야 한다. 자율을 회피한다는 것은 독재하에 들어간다는 뜻이 아니다. 성경에는 책임 한계가 적절히 규정되어 있는 권위 체계가 있다. 자녀는 부모에게, 피고용인은 고용인에게, 양은 목자에게, 학생은 스승에게 복종해야 한다. 우리는 모두 피할 수 없이 일정한 형태의 인간관계에 던져져 있으며, 그 안에서 자율권을 행사하거나 복종해야 한다.

다만 하나님이 우리를 자유롭게 하셨는데도 우리를 권위 아래 두려고 하는 변장한 독재자들을 경계해야 한다. 부모가 자녀의 권위에 복종하지 않거나, 스승이 학생들에게 복종하지 않는 것은 교만이 아니다. 복종은 '책임이 따르는' 행동이 아니다. 조종되는 것이다.

나는 항상 책임지라고 말하는 사람들이 두렵다. 책임지라는 말은 조종하려는 교묘한 장치, 곧 정당한 한계를 넘어 자신의 권위를 확대하려는 경영자를 통제하는 좋은 수단이 될 수 있다.

언젠가 자기 사업체를 소유한 사람과 대화를 나눈 적이 있다. 그는 "나는 소나기가 쏟아져도 중역 회의를 엽니다."라고 말했다. 그 말뜻은 이런 것이다. 그는 회사의 사장이자 소유주로서 조직에서 최고 권위를 갖고 있는 우두머리다. 모든 일을 그가 결정한다. 그렇다고 해서 그가 책임질 일이 없다는 뜻은 아니다. 그는 거래 은행에 책임이 있었다. 자기 사회와 국가의 법에 책임이 있었다. 자기 교회의 장로들과 목사에 대해서도 책임이 있었다. 궁극적으로는 하나님께 책임이 있다. 그러나 그는 비서의 권위에 종속되지 않았다. 비서는 회사에서 자신의 권위 밑에 있었다.

이와 같이 그리스도인은 자기가 어떤 권위 밑에 있는지를 정확히 알고 그 권위에 자발적으로 복종하는 게 중요하다. 내가 목사 안수를 받을 때 서약한 내용 중에는 내가 소속된 교회의 권위에 복종한다고 하나님 앞에서 엄숙히 서약한다는 내용이 들어 있었다. 우리는 교회가 내 양심을 구속할 수 없다는 것을 잘 안다. 오직 하나님만 내 양심을 구속하실 수 있다. 교회에 복종하느냐 하나님께 복종하느냐 하는 딜레마에 처할 때 양심상 교회의 규율이 옳지 않다고 판단된다면 하나님께 복종해야 한다. 그리고 만약 내가 교회에 복종하지 않은 것이 교회의 평화와 화합을 깨뜨릴 만큼 중대한 문제를 일으킨다면 평화롭게 그 교회를 떠나는 게 바람직하다.

같은 원칙이 직장에서도 적용된다. 양심상 복종하면 안 되겠다는 생각이 들기 전까지는 상급자들에게 복종해야 한다. 만약 내 불복종이 고용주의 입장에서 참을 수 없는 것이라면 나는 다른 직장을 찾아야 한다. 그런 갈등에 처할 때 주의해서 우리 마음을 살피고 우리가 반대하는 게 정말로 신앙 양심 때문인지를 확인해야 한다. 교만한 저항이 신앙의 허울을 쓴 위선으로 포장되기 쉽다.

지위 추구

자신의 지위 이하의 대접을 받을 때처럼 자존심이 상하는 경우도 없다. 우리는 사람들에게 일정 수준의 존경을 얻기 위해 일한다. 우리 지위에 걸맞은 대접을 받고 싶어 한다. 지위를 추구하는 것은 삶의 중요한 부분인 것처럼 보인다. 하지만 그것은 인간적인 현상이다.

미개한 원주민 추장이 깃털 머리 장식에 꽂힌 특별한 깃털을 애지중지하는 것이나 사장이 경영자용 화장실 열쇠를 애지중지하는 것과 마찬가지다.

암스테르담 자유대학교에 입학했을 때 나는 담당 교수들의 공식 직함이 적힌 안내서를 받았다. 교수가 상류층 출신이면 편지를 보낼 때 겉봉에 '귀한 가문 출신의'(very well-born)라는 칭호를 써야 했다. 학위가 있으면 '학식이 높은'(very well-learned)이라는 칭호를 붙여야 했고, 목사 안수를 받았으면 '대단히 존경스러운'(highly worthy)이라는 칭호를 붙여야 했다.

내게는 이런 칭호들이 사실 부담스러웠다. 이런 칭호를 지닌 교수들에게 편지를 쓰려면 겉봉에 이름만 두 줄을 써야 했고, 정식 칭호를 사용하지 않은 학생은 화를 당했기 때문이다.

나는 이런 칭호 체계가 어리석기 짝이 없는 것이라고 생각했다. 그것은 종종 간선도로를 달리는 자동차에도 해당되었다. 폭스바겐은 메르세데스에게 길을 비켜줘야 하는 것이다. 언젠가 빨간 신호등이 켜졌을 때 트럭이 자전거를 타고 대기선에 서 있는 사람 옆에 서는 것을 보았다. 그 트럭은 자전거 옆으로 슬금슬금 붙더니 자전거가 길을 비켜주지 않자 고의로 자전거를 밀어 길바닥에 쓰러뜨렸다.

지위에 대한 이런 강박 관념은 불행하게도 전염성을 갖고 있다. 한동안 이 문화권에서 지낸 뒤 나는 겉봉에 '스프로울 씨에게'(De Heer Sproul)라고 적힌 편지를 받을 때마다 순간적으로 화가 났다. '씨에게'라니! 나는 그것보다 좀 더 좋은 칭호를 받을 만한 자격이 있는 사람

11. 교만 | **171**

인데! 그럴 때 나는 '거주자' 자격으로 편지를 받은 것 같은 느낌이 들었다. 그리고 곧 '내가 지위 놀이에 깊이 빠져 있구나.' 하는 생각이 뇌리를 스쳤다.

내 지위 놀이가 암스테르담 시절로 끝났다고 말하고 싶다. 하지만 그렇지 않았다. 바로 얼마 전 나는 아들과 상점가를 걷다가 보석점 진열대 앞에서 걸음을 멈추었다. 그 안에 진열된 롤렉스시계가 몹시 갖고 싶었다. 그래서 아들에게 "롤렉스시계를 갖고 싶구나."라고 말했다. 그 말을 들은 아들은 뜻밖이라는 표정을 짓더니 이렇게 말했다. "아버지, 정말이세요? 생활을 안락하게 해주는 물건에 돈을 쓰고 싶어 하시는 심정은 이해할 수 있지만, 어째서 지위를 나타낼 목적만으로 무엇을 사고 싶어 하시나요?"

그 말이 내 마음에 박혔다. 나는 즉시 말꼬리를 미학으로 돌려야겠다고 생각했다. "이건 단지 아름다움에 관한 문제야. 나는 아름다운 것을 좋아하지."라고 말하고 싶었다. 하지만 그렇게 말했다면 그건 반쪽 진실이었을 것이다. 물론 나는 아름다운 것을 좋아한다. 예술을 좋아한다. 그러나 마음 깊은 곳에서는 롤렉스시계가 내가 생각하는 아름다움의 범주에 들지 않는다는 것을 알고 있었다. 아들의 말이 옳았다. 나는 '롤렉스'라는 상표와 그것이 상징하는 것에 매혹되었다. 그건 지위의 문제였고, 다행히 나는 그 점을 깨닫지 못할 정도로 '교만' 하지 않았다.

빌립보서 2장에 기록된 케노시스(kenosis, 자기를 비움)에 관한 위대한 찬송은 이 점에 대해 말한다. 사도 바울의 말을 들어보자.

"아무 일에든지 다툼이나 허영으로 하지 말고 오직 겸손한 마음으로 각각 자기보다 남을 낫게 여기고 각각 자기 일을 돌볼뿐더러 또한 각각 다른 사람들의 일을 돌보아 나의 기쁨을 충만하게 하라"(빌 2:3-4).

찬송의 도입부치고는 딱딱하다. 우리는 지금 자부심이란 주제를 다루고 있다. 하지만 여기서는 우리 자신보다 남을 낫게 여기라고 말씀한다. 이것은 평소 우리의 자세와 정반대된다. 우리는 대개 우리 자신을 남보다 낫게 여긴다. 그리고 남이 나를 자기보다 낫게 여겨주기를 바란다. 이것이 하나님처럼 되라는 최초의 유혹 중 일부였다. '시골뜨기들'(Hoosiers)이라는 영화에서 인디애나주의 작은 도시 학교의 신임 농구 코치 역으로 출연하는 진 해크먼은 학교 농구부를 지나치게 중시한다는 비판을 듣는다. 비판자들은 농구 선수들이 마치 신처럼 대접받고 있다고 불평했다. 그러자 해크먼은 이렇게 대답했다. "여러분은 사람들이 단 몇 분이라도 하나님처럼 대접받기 위해서 안달하는 것을 이해하지 못합니까?" 그것이 미친 듯 날뛰는 자존심이다. 그것이 멸망의 가장자리에서 비틀거린다. 주께서 우리에게 바라시는 겸손한 마음과는 딴판이다.

참된 겸손

겸손에 대한 고도의 부르심은 구체적인 현실에서 실제 예를 찾아볼 수 없는 이상적이고 추상적인 윤리로 일축당할 수 있다. 그러나 바울은 그것을 추상적인 영역으로 두지 않는다. 곧바로 그리스도의 삶에 나타난 지극히 겸손한 마음을 높이 기리는 찬송을 써나간다.

"너희 안에 이 마음을 품으라 곧 그리스도 예수의 마음이니 그는 근본 하나님의 본체시나 하나님과 동등됨을 취할 것으로 여기지 아니하시고 오히려 자기를 비워 종의 형체를 가지사 사람들과 같이 되셨고 사람의 모양으로 나타나사 자기를 낮추시고 죽기까지 복종하셨으니 곧 십자가에 죽으심이라 이러므로 하나님이 그를 지극히 높여 모든 이름 위에 뛰어난 이름을 주사"(빌 2:5-9).

하나님은 우리에게 그리스도의 마음을 가지라고 하신다. 그리스도는 육신이 되심으로써 자기를 비우셨다. 신성을 비우시거나 신적 속성들 가운데 어느 하나를 비우신 것이 아닌, 자신의 지위를 버리셨다. 하나님으로서 갖고 계시던 대권을 포기하셨다. 자기 지위 이하에 해당하는 대접을 받기로 작정하셨다. 지극히 존귀하신 분이 보이신 이러한 모범은 순종보다 교만을 앞세우는 모든 사람을 부끄럽게 만든다.

사울왕을 생각해보자. 사울은 하나님께 이스라엘의 초대 왕으로 선출되었다. 이스라엘 왕에게는 자율권이 부여되지 않았다. 왕이신 하나님의 율법에 종속되었다. 지상의 어떤 군주도 그 민족의 궁극적 통치자이신 여호와를 대신할 수 없었다. 여호와께서는 유대인들의 하나님이요 왕이셨다.

그렇게 사울의 출발은 매우 훌륭했으나 곧 자신이 중요한 인물이라는 생각에 득의양양해졌다. 스스로 제사장의 권한을 취하여 사무엘의 역할을 대신했고(삼상 13:9), 갈수록 이기적이고 교만해졌다. 그러다가 백성이 "사울이 죽인 자는 천천이요 다윗은 만만이로다"(삼상 18:7)라는 노래로 젊은 다윗의 전공을 찬양하기 시작하자 그의 질투는 극에 달했다. 이후 사울의 비극적인 치욕의 역사가 따른다.

결국 사울의 인생은 비극으로 끝났다. 블레셋 사람들과의 전투에서 심한 부상을 입은 그는 칼에 엎드러져 스스로 목숨을 끊었다. 적군이 그의 머리를 자르고 시신을 성벽에 걸어 구경거리로 만들었다.

반면 다윗은 그런 사울의 죽음을 애도하고 노래를 지어 유다 어린이들이 배우게 했다. "이스라엘아 네 영광이 산 위에서 죽임을 당하였도다 오호라 두 용사가 엎드러졌도다 이 일을 가드에도 알리지 말며 아스글론 거리에도 전파하지 말지어다"(삼하 1:19–20).

이 노래는 시종일관 애도의 후렴이 반복된다. "오호라…… 용사가 엎드러졌도다."

사울의 생애는 "교만은 패망의 선봉이요 거만한 마음은 넘어짐의 앞잡이니라"라는 잠언의 뚜렷한 예다. 이와 같이 큰 권력은 큰 교만을 낳고 큰 교만은 큰 패망을 낳는다.

지위의 매력은 대단히 크다. 특히 장성하려는 그리스도인에게 두려운 장애로 나타난다. 우리 모두가 그것에 취약하다. 로드니 데인저필드(Rodney Dangerfield, 헝가리계 유대인으로 청소년 시절부터 코미디언을 꿈꾸었으나 많은 작품에 출연하지 못하고 중간에 생계로 꿈을 포기하는 등 무명으로 생을 마감했다—편집자주)처럼 살고 싶어 하는 사람은 아무도 없다. 모두가 사람들의 존경을 갈망한다. 지그문트 프로이트가 비행으로 퇴학당한 어느 남학생의 이야기를 한 적이 있다. 그 학생은 교실 밖에서 유리창에 돌을 던졌고 교장 선생님이 밖으로 나와 "왜 창문에 돌을 던지는 거니?" 묻자 학생은 "내가 여기에 있다는 것을 모두에게 알리고 싶었을 뿐이에요."라고 말했다.

이처럼 우리 모두가 호주머니에 돌을 넣고 다닌다. 모두가 '체면'을 차리고 싶어 하고, 자존심을 손상당하지 않으려 한다. 창피당하는 것을 두려워한다. 교만은 매우 강력한 세력이다.

1960년대 초에 있었던 쿠바 미사일 위기 때 케네디 대통령은 러시아의 미사일들을 쿠바에서 철수시키라고 요구했고 쿠바에 미국 함대를 파견했다. 동시에 니키타 후르시초프도 소련 함대에 쿠바로 향하라고 명령했다.

세계가 숨을 죽였다. 월터 크론카이트는 매시간 소련 함대의 진행을 뉴스로 알렸다. 군대들이 아마겟돈을 향해 질주하는 것처럼 보였다. 그러나 마지막 순간에 러시아는 눈을 깜박거리고 말았다. 소련 함대는 항로를 바꾸어 귀대했고, 케네디는 큰 승리를 거두었다. 그것은 후르시초프에게 대단한 치욕이었고, 결국 그 사건으로 인해 실각했다.

그다음 어떤 일이 벌어졌는가? 케네디는 쿠바에 현지 사찰을 요구했다. 그러나 후르시초프가 거절했고 케네디는 자신의 요구를 철회했다. 기자들이 케네디에게 왜 요구를 철회했느냐고 물었다. 그때 케네디는 이렇게 말했다. "우리는 분쟁에서 이겼습니다. 이제는 소련 수상에게 명예스러운 퇴로를 내주는 게 필요합니다."

케네디의 외교는 후르시초프의 자존심을 지켜주는 쪽을 지향했다. 소련 수상을 코너로 몰아 그에게 아무런 위엄도 남지 않게 만들기를 원치 않았다. 만일 당시 케네디가 덜 민감했다면 어떤 일이 일어났을까 생각할 때마다 몸이 오싹해진다. 그런 대결 국면에서 자존심 싸움이 벌어졌다면 세계는 파멸로 치달았을지도 모른다.

그렇다면 그리스도인의 삶에서 자존심은 어떤 위치를 차지할까? 아무 위치도 차지하지 않는다. 타락한 세상에서는 수상과 대통령들이 체면을 세우고 지위를 내세우는 게임을 벌일 수밖에 없다. 세상은 그런 식으로 굴러간다. 그러나 우리는 빌립보서 2장의 찬송으로 돌아간다. 거기서 바울은 빌립보 교인들에게 주님을 본받으라고 말하면서 그리스도의 겸손을 드높인다. 순종, 겸손, 자존심과 교만을 끊임없이 거둬들이는 것, 이것은 지위와 명성을 가치 있게 여기는 세상 사람들의 눈에 어리석어 보인다. 그러나 우리는 우주의 주재를 기쁘시게 하는 것이 세상과 다른 가치관을 갖고 사는 것임을 확신한다. 그분은 우리에게 겸손하게 사는 게 무엇인지 매우 탁월한 모범을 보여주셨다. 단순히 교만하지 말라는 가르침에 그치지 않고 몸소 그 방법을 보여주셨다.

12. 게으름

R. C. 스프로울

하나님은 일하신다. 성경이 하나님에 대해 가장 먼저 묘사하는 내용은 세상을 창조하시는 모습이다. 하나님은 최초이자 최고의 생산자이시다. 따라서 모든 생산의 근원이 그분이다.

타락한 인간에게 내린 저주가 노동의 유쾌하지 못한 면을 강조하기 때문에 많은 사람이 노동 자체가 인간에게 내린 저주의 일부라는 결론을 내린다.

그러나 죄가 세상에 들어오기 전부터 남자와 여자는 창조주로부터 할 일을 부여받았다.

하나님은 사람을 지으신 후 에덴 동쪽에 동산을 만드셨고, 그곳에 나무들이 풍성히 자라도록 하셨다. 그리고 사람에게 동산을 관리할 임무를 주셨다. "여호와 하나님이 그 사람을 이끌어 에덴동산에 두어 그것을 경작하며 지키게 하시고"(창 2:15).

이때는 동산에 가시도 엉겅퀴도 잡초도 없었다. 잡초가 없는 동산을 관리하는 것을 생각해보라. 아담이 동산을 관리하며 할 일이란 가지를 치고 열매를 따고 다듬는 등의 매우 쉬운 일들이었다. 잡초와의 끝없는 전쟁을 벌일 필요가 없었다. 손톱과 피부 사이를 찌르는 가시도 없었다. 매일 일을 하면 풍성한 소출을 얻을 수 있었고 땀을 흘릴 정도로 애쓰며 일하지 않아도 되었다.

타락 이전에 하나님은 사람이 동산에서 일하는 것을 기뻐하셨다. 그것은 즐거운 일이었다. 사람에게는 그 일이 즐거웠고 창조주가 지켜보시기에도 즐거웠다. 하지만 죄가 세상에 들어온 뒤 모든 게 변했다. 동산을 관리하는 것이 매우 힘든 노동이 되었다. 이것이 바로 아담이 받은 저주다.

"땅은 너로 말미암아 저주를 받고 너는 네 평생에 수고하여야 그 소산을 먹으리라 땅이 네게 가시덤불과 엉겅퀴를 낼 것이라 네가 먹을 것은 밭의 채소인즉 네가 흙으로 돌아갈 때까지 얼굴에 땀을 흘려야 먹을 것을 먹으리니 네가 그것에서 취함을 입었음이라 너는 흙이니 흙으로 돌아갈 것이니라"(창 3:17-19).

가시, 엉겅퀴, 땀, 죽음 등은 저주의 요소들이다. 이것이 피와 땀과 눈물이라는 인간 고통의 3대 요소의 기원이다. 그럼에도 불구하고-앞으로 살펴보겠지만-노동 자체가 저주는 아니다. 타락 이전과 마찬가지로 타락 이후에도 노동은 하나님의 명령이다.

하나님은 인간이 일하는 모습을 기뻐하신다.

호모 파베르

흔히들 인간을 '호모 사피엔스'(homo sapiens), 즉 '지혜자 인간'이나 '생각하는 동물인 인간'으로 정의한다. 쉽게 말해 우리의 사고 형식을 인간의 독특한 특성으로 지적하는 것이다.

하지만 칼 마르크스는 그런 정의에 만족하지 않았다. 그는 '호모 파베르'(homo faber)라는 또 하나의 라틴어를 좋아했다. 이것은 '생산자 인간', 혹은 '노동자 인간'이라는 뜻이다. 즉 마르크스는 노동이 인간 삶의 핵심이라고 확신하며 인간에 대한 정의를 노동과 관련지었다.

그에 따르면 노동은 저주가 아니다. 노동은 우리가 누구인지를 정의하고 만족과 보람을 주는(혹은 당연히 주어야 하는) 어떤 것이다.

이 점에서 마르크스는 아주 틀리지 않았다. 우리는 누군가를 처음 만날 때 대략 세 가지 질문을 한다. "이름이 무엇입니까?" "어디 사십니까?" "무슨 일을 하십니까?" 즉 이름, 주소, 직업, 이 세 가지가 우리 문화에서 사람을 정의하는 요인들이다.

실제로 우리가 하는 일은 우리 자신의 정체성과 밀접히 연결되어 있다. 또 그 일들을 어떻게 하는가도 똑같이 중요하다.

우리는 직업 수행 능력에 따라 평가를 받는다. 어떤 의미에서 우리는 타석에 들어설 때마다 매번 타율이 변하는 메이저리그의 야구 선수와도 같다. 만약 타율이 일정 수치를 밑돌면 그의 직업은 위태로워진다. 그리고 그의 직업은 그의 생계와 연결되어 있다.

우리 모두가 삶과 노동의 관계에서 생기는 시련을 만난다. 살려면 일해야 하고, 단순히 일하는 것을 넘어 일을 합리적으로 잘 해내야 한다.

그럼에도 불구하고 일에는 생계유지 이상의 높은 목적이 있어야 한다. 우리는 아담과 함께 하나님께 생산적인 존재가 되라는 부르심을 받았다. 열매를 맺으라는 부르심을 받았다. 생산적이고 열매 맺는 사람이 되려면 헌신하는 자세로 일해야 한다.

따라서 일하기를 거부하는 것은 인간의 가장 근본적인 의무 중 하나를 거부하는 것이다. 우리는 때로 아담에게 내린 저주의 무게에 짓눌려 신음하지만, 가시, 엉겅퀴, 땀 때문에 일을 못하겠다고 핑계할 수는 없다.

'직업'(vocation)이란 단어는 '부르다'라는 뜻의 라틴어 '보카레'(vocare)에서 유래했다. 즉 우리의 직업은 부르심이고, 하나님께서 내리신 소명이다. 그러므로 직업을 회피하는 것은 의무를 저버리는 것이다. 우리는 일을 해야만 한다.

게으름과 가난

게으름은 생산의 적이다. 게으른 사람은 자기만 해칠 뿐 아니라 사회에 짐이 된다. 그는 자기가 속한 사회의 생산 활동에 보탬이 되지 않고 다른 사람들의 노동의 결실을 깎아 먹는다. 부지런한 사람들에게 보살핌을 기대한다. 이것이 게으름이 갖는 반사회적 측면이다.

사회가 장애인들에게 갖는 책임은 몸이 건강한 사람들에게는 해당되지 않는다. 성경은 가난한 자들과 그들에 대한 교회의 책임에 대해 가르친다.

그러나 성경이 말하는 가난한 사람들의 다양한 양상을 구분하지 않는다면 중대한 잘못을 저지르게 될 것이다. 성경은 가난을 다음의 네 부류로 구분한다.

재난 때문에 당하는 가난 : 재난을 당해 가난하게 된 사람들이 있다. 그들은 질병, 상해, 홍수, 또는 그 밖의 재해로 노동력을 잃은 사람들이다. 이런 사람들에게 그리스도인은 마음을 열고 따뜻하게 지원하라는 부르심을 받는다. 우리에게는 이런 불행을 당한 사람들을 구제할 책임이 있다.

압제 때문에 당하는 가난 : 어떤 사람들은 불의한 권력자들에게 희생되어 가난을 맛본다. 그들은 도둑질, 강탈, 야만적 행위에 희생당할 수 있다. 혹은 노예로 팔려가 짐승 취급을 당했을 수도 있다. 수탈을 당한 고아와 과부들도 있다. 이런 사람들을 압제한 자들은 하나님을 진노케 한다. 하나님은 약한 자들을 압제하고 수탈하는 행위를 용서치 않으실 것이다. 이스라엘 민족사는 하나님이 노예 생활을 하던 백성의 신음 소리를 들으시고 애굽의 바로에게 "내 백성을 보내라"고 요구하실 때 시작되었다.

하나님 나라를 위한 가난 : 스스로 가난을 선택하는 사람들이 있다. 그들은 자진해서 세상 재물을 포기한다. 궁핍한 자들을 좀 더 구제하기 위해 단순히 생계만 유지하고 살기로 결심한 테레사 수녀 같은 사람들이다. 이런 생활 방식은 하나님께서 요구하신 적이 없지만 하나님께 기쁨을 드린다. 이런 가난은 고귀하다. 그 고상한 동기가 참으로 주목할 만하다.

게으름 때문에 당하는 가난 : 이 부류의 사람들은 하나님께 긍휼을 얻지 못한다. 오히려 하나님은 그들에게 진노하신다.

앞의 세 부류는 가난하다는 이유로 하나님께 심판을 받지 않는다. 하나님을 진노하시게 만드는 사람들은 네 번째 부류다. 그들이 겪는 가난은 자기 죄의 표출이자 결과다.
잠언 말씀을 들어 보자.

"게으른 자여 개미에게 가서 그가 하는 것을 보고 지혜를 얻으라 개미는 두령도 없고 감독자도 없고 통치자도 없으되 먹을 것을 여름 동안에 예비하며 추수 때에 양식을 모으느니라 게으른 자여 네가 어느 때까지 누워 있겠느냐 네가 어느 때에 잠이 깨어 일어나겠느냐 좀 더 자자, 좀 더 졸자, 손을 모으고 좀 더 누워 있자 하면 네 빈궁이 강도같이 오며 네 곤핍이 군사같이 이르리라"(잠 6:6-11).

'잠시 눈을 붙이고 이 일은 내일 하자.' 이것이 지금 놀고 나중에 일하자는 게으른 자의 신조다.
이와 달리 개미는 겨울 양식을 여름에 준비한다. 혹독한 추위가 오더라도 개미의 창고에는 양식이 그득하다. 잠언은 또다시 이렇게 말한다.

"손을 게으르게 놀리는 자는 가난하게 되고 손이 부지런한 자는 부하게 되느니라 여름에 거두는 자는 지혜로운 아들이나 추수 때에 자는 자는 부끄러움을 끼치는 아들이니라"(잠 10:4-5).

구약성경의 지혜 문학에는 게으름에 대한 말이 참 많이 나온다. 그 중 몇 구절만 살펴보자.

"자기의 일을 게을리하는 자는 패가하는 자의 형제니라"(잠 18:9).
"게으른 자는 자기의 손을 그릇에 넣고서도 입으로 올리기를 괴로워 하느니라"(잠 19:24).
"게으른 자의 욕망이 자기를 죽이나니 이는 자기의 손으로 일하기를 싫어함이니라"(잠 21:25).
"게으른 자는 말하기를 사자가 밖에 있은즉 내가 나가면 거리에서 찢기겠다 하느니라"(잠 22:13).
"게으른즉 서까래가 내려앉고 손을 놓은즉 집이 새느니라"(전 10:18).

이런 견해들은 구약성경에만 한정되어 있지 않다. 신약성경에도 게으름에 대한 부정적인 평가가 나온다. 달란트 비유에서 주인은 이익을 남기지 않은 종에게 다음과 같이 모질게 말한다. "악하고 게으른 종아 나는 심지 않은 데서 거두고 헤치지 않은 데서 모으는 줄로 네가 알았느냐"(마 25:26).
또한 성경에서 게으름을 가장 혹독하게 책망하는 곳은 아마 바울이 쓴 데살로니가후서일 것이다.

"우리가 너희와 함께 있을 때에도 너희에게 명하기를 누구든지 일하기 싫어하거든 먹지도 말게 하라 하였더니 우리가 들은즉 너희 가운데 게으르게 행하여 도무지 일하지 아니하고 일을 만들기만 하는 자들이 있다 하니"(살후 3:10-11).

일하지 않으면 먹지도 말라는 게 사도의 명령이다.

바울은 일하려 하지 않는 자들을 일만 만드는 사람들로 표현한다. 그것은 일하기 싫어하는 자들을 가리키는 것으로는 조금 낯선 표현이다. 일하기 싫어하는 사람들도 활동을 안 하는 건 아니다. 그들은 '빈둥거리면서' 뒷공론을 일삼는다. 그들의 일은 생산적인 일이 아니다.

일중독자

'일중독자'(workaholic)라는 용어는 오늘날의 문화에서 두 가지 방식으로 쓰인다.

일반적인 의미로는 바쁜 일정 때문에 쉬지도 않고 여가와 문화 활동에 조금도 시간을 내지 않는 사람을 가리킨다.

그리고 이 단어의 두 번째 용도는 정신과 의사들이 사용하는 전문 용어다. 이 경우의 일중독자는 현실적인 일은 하지 않고 뒷공론만 일삼는 비생산적인 사람을 가리킨다. 이런 유의 일중독자는 매우 바빠 보인다. 그러나 사실은 일에 대한 망상을 만들기에 바쁘다.

대학생 시절 함께 공부했던 동료가 생각난다. 그는 공부 면에서 제대로 훈련된 학생처럼 보였다. 수업이 없어서 다른 학생들이 밖에 있는 동안에도 그는 책상 앞에 앉아 열심히 공부만 했다. 한가하게 학생회관을 드나드는 일도 없었고 기숙사 행사에 참여하는 일도 없었다. 도무지 노는 모습을 볼 수 없었다.

그런데 이상하게도 시험만 보면 성적이 형편없었다. 때로는 낙제도 했다. 그렇게 노력하는데도 그 정도 결과밖에 얻지 못하는 것이 매우 의아했다.

그러던 어느 날 나는 그 친구가 '공부' 하는 모습을 지켜보게 되었다. 그는 책상 앞에 앉아 두 손으로 머리를 괸 채 앞에 펴 놓은 책을 들여다보고 있었다.

하지만 눈에 초점이 없었다. 그가 공허하게 책을 들여다보는 모습을 나는 몇 분 동안 지켜보았다. 그는 책장을 넘기지 않았다. 그냥 책상에 앉아 있을 뿐이었다. 눈은 책을 향했지만 마음은 분명히 다른 데 가 있었다. 눈을 뜬 채 자고 있는 사람을 보고 있는 게 아닌가 생각될 정도였다.

이와 같이 신경성 일중독자는 열심히 일하는 모습을 보여주기 좋아한다. 사무실에 제일 먼저 출근하여 가장 나중에 퇴근하는 경우가 많다. 그의 책상에는 밤에도 불이 켜져 있다. 어디를 가든 무거운 서류 가방을 들고 간다. 그리고 사무실에서 종종 불화를 일으킨다. 동료의 실수를 비판하기 좋아한다. 책임을 남에게 떠넘긴다. 자신의 잘못을 효과적으로 가린다. 언제나 바빠 보이지만 별로 이루어내는 일이 없다는 게 그의 현저한 특징이다. 무가치하거나 하찮은 일을 하는 데 바쁘다. 생산적인 일과는 상관이 없다.

여기서 특별히 주의할 점이 있다. 별로 이루어내는 일 없이 바쁜 일중독자는 많은 면에서 부지런하고 생산적인 사람들의 특징을 보인다. 하지만 단순히 일찍 출근하여 늦게 퇴근한다고 해서 생산적인 것은 아니다.

이와 같이 가짜는 생산성과 책임감을 빼면 진짜와 똑같다. 가짜 직원은 바빠 보이지만 비생산과 고질적 책임 전가라는 두 가지 치명적인 결함을 갖고 있다. 그가 남들을 비판하는 것은 자신의 실수를 은폐하려는 시도다. 이런 유형의 일중독자는 변장한 게으른 사람이다. 뿐만 아니라 이런 일중독자는 종종 동료 사원을 속인다. 심지어 자기 자신까지 속인다. 그러나 하나님을 속이지는 못한다. 하나님은 제대로 하는 일이 없는 것을 은폐하는 비생산적인 노동자들을 몹시 불쾌하게 여기신다.

많은 그리스도인이 항상 바쁘게 보여야 한다는 생각을 가지고 자라났다.

사회학자들과 역사학자들은 오랫동안 이른바 프로테스탄트 노동 윤리의 근원에 관해 논쟁을 벌였지만, 북유럽과 북아메리카의 프로테스탄트 교도들이 노동을 중시하는 가치관을 지녀왔다는 데에는 대체로 동의했다.

그리스도인들은 노동을 저주로 생각하지 않고 인생의 큰 목표로 보도록 배웠다. 문제는 그런 인생관이 지배적인 상황에서도 여전히 게으르고 비생산적인 사람들이 있다는 것이다. 그들은 자기들이 그런 식으로 평가받고 싶지 않기 때문에 자기들의 생활을 은폐한다. 또한 비생산적인 습관뿐 아니라 일관된 기만으로 자신과 다른 사람에게 무거운 짐을 지운다.

노동자의 단잠

일을 해야 한다는 것은 하나님의 명령이다. 그리고 일을 하되 게을러서는 안 된다는 것은 윤리 문제이다. 어디서 일해야 하는가는 지혜의 문제이다.

따라서 덕이 있는 사람은 일하는 사람이고, 지혜로운 사람은 갈고 닦은 능력을 직업에 연계하는 사람이다.

자신의 능력에 맞는 완벽한 직업을 찾기란 참 어렵다. 그러나 잘 살펴서 자기의 능력을 헤아리고 자신의 능력에 맞는 직업을 찾으려 노력한다면 죄책감과 좌절감을 상당 부분 덜 수 있다. 설령 직업이 자기와 잘 맞지 않는다고 느끼는 상황에서도 우리는 하나님께 일을 잘하라는 명령을 받는다. 하나님은 우리가 우리의 능력과 필요에 잘 맞는 직업에 종사하는 것을 기뻐하시지만, 어떤 상황에 처하더라도 헌신하는 마음을 가지고 일하는 것을 기뻐하신다.

성경은 노동자가 달게 잠을 잔다고 말한다(전 5:12). 생산적인 일은 힘도 들지만 상당한 보람도 준다. 또 근심과 좌절 때문에 잠을 설치지 않고 단잠을 자게 한다.

책임을 다하지 못한 데서 오는 죄책감 때문에 근심하며 잠을 설치는 경우가 있다. 일을 다 하지 못한 채 미루어두는 만큼 근심도 크다.

내가 아는 어떤 여성은 심한 좌절감 때문에 고통을 겪었다. 결국 그녀는 정신과 의사의 치료를 받았다. 간헐적으로 엄습하던 그 좌절감의 원인을 조사한 의사는 그것이 세탁 바구니에 있는 다림질하지 않은 옷과 직접적인 관계가 있다는 사실을 알아냈다. 그 여성은 다림질을 싫어했고 식구들은 다림질이 되지 않은 옷을 입지 않았다. 때문에 옷이 세탁 바구니에 쌓일수록 그 여성의 근심도 커져 좌절감이 극에 달했다.

나는 그 점을 이해할 수 있다. 비록 정신과 의사에게 치료를 받아본 적은 없지만 답장을 안 한 편지가 있으면 심한 부담감을 느낀다. 나는 편지를 받고 답장 쓰는 걸 몹시 싫어한다. 편지가 쌓일수록 걱정도 태산 같아진다. 그것이 내게는 좌절감과 죄책감을 갖다주는 게으름이다.

대학 시절의 경제학 교수님이 생각난다. 그분은 한 학기에 한 번씩 책상 위에 올라서서 자기가 좋아하던 경제학 법칙을 크게 외쳤다. "일하라!" 그분의 그러한 행동은 우리의 시선을 끌었다. 강의 방식은 격식이 없었지만, 그 한 문장이 하나님의 율법을 잘 포착했다. 일은 우리의 의무다. 하나님께로부터 받은 소명이다. 누구나 해야 할 일을 갖고 있다.

나는 "잘하였도다, 착하고 충성된 종아."라는 예수님의 말씀보다 더 듣기 좋은 말을 생각할 수 없다. 언젠가 이 말씀을 듣게 되기를 소원한다. 아마 우리 모두가 이 말씀이 듣고 싶을 것이다. 그러나 그리스도께 그 복된 말씀을 들으려면 지금 부지런해야 하고 지금 하나님이 우리에게 하라고 맡기신 일에 충성해야 한다. 그로써 하나님을 기쁘시게 할 수 있다.

13. 부정직

— R. C. 스프로울 —

시편 116편 11절은 "모든 사람이 거짓말쟁이"라고 말한다. 이것은 사도가 인류를 정죄하는 말의 결론에서도 울려 퍼진다. 바울은 이렇게 단언했다. "사람은 다 거짓되되 오직 하나님은 참되시다 할지어다"(롬 3:4).

부정직은 우리 모두가 안고 있는 심각한 문제다. 우리는 말과 행동과 관계로 진리를 범한다. 서로에게, 하나님께, 그리고 자신에게 거짓말을 한다.

이 문제는 인류 역사의 시초에서 찾아볼 수 있다. 최초로 기록된 거짓말은 뱀이 에덴에서 한 말이다. 마귀는 하와에게 "너희가 결코 죽지 아니하리라"고 거짓말을 했다. 거짓말은 사탄의 본성이다. 그런 사탄을 예수님은 다음과 같이 묘사하셨다.

"너희는 너희 아비 마귀에게서 났으니 너희 아비의 욕심대로 너희도 행하고자 하느니라 그는 처음부터 살인한 자요 진리가 그 속에 없으므로 진리에 서지 못하고 거짓을 말할 때마다 제 것으로 말하나니 이는 그가 거짓말쟁이요 거짓의 아비가 되었음이라"(요 8:44).

하나님과 사탄의 투쟁은 진리에 초점이 맞춰져 있다. 하나님은 모든 진리의 근원이신 반면 사탄은 거짓의 아비다. 그리스도와 적그리스도의 초미의 쟁점도 진리의 문제다.

적그리스도를 묘사하는 접두사 '적'(敵, anti)은 '거스르다', 혹은 '대신하다'를 뜻할 수 있다. 따라서 적그리스도는 그리스도와 맞서 싸우며, 그가 주로 사용하는 계략은 그리스도를 대체하는 것이다. 그는 자기가 그리스도를 대신할 자라고 주장한다. 진짜를 밀어내기 위해 일하는 사이비요 사기꾼이다. 그는 거짓 그리스도다. 한마디로 거짓말쟁이다. 아니면서 진짜인 척한다.

또한 적그리스도는 최악의 위선자다. 그는 큰 기만에 빠져 있다. 거짓 표적과 기사를 일으킨다. 그와 관련된 것은 모두 사이비다. 그의 목표는 진리를 훼손하고 진리를 흐려 놓는 것이다. 사탄이 자신을 광명의 천사로 가장하듯, 적그리스도도 자신을 그리스도로 속이려 한다.

적그리스도는 진리를 오만하게 대하는 우리의 태도를 이용하여 힘을 발휘한다. 거짓말을 좋아하는 사람들에게 먹히는 거짓말들 위에 자기 왕국을 세운다. 이와 뚜렷이 대조되는 예수님의 말씀이 생각난다. "내가 이를 위하여 태어났으며 이를 위하여 세상에 왔나니 곧 진리에 대하여 증언하려 함이로라 무릇 진리에 속한 자는 내 음성을 듣느니라"(요 18:37).

진리에 속해 있다면 그리스도의 음성을 듣게 마련이다. 그리스도는 육신을 입으신 진리다. 따라서 빛과 어둠, 그리스도와 적그리스도 간의 전쟁은 진리와 거짓 간의 전쟁이다.

게으름을 생각할 때와 마찬가지로 거짓에 관해서도 연관된 성경구절들을 살펴보자. 다음은 거짓에 대해 말하는 성경의 몇 가지 예다.

"여호와의 미워하시는 것 곧 그의 마음에 싫어하시는 것이 예닐곱 가지이니 곧 교만한 눈과 거짓된 혀와······"(잠 6:16-17).
"거짓 입술은 여호와께 미움을 받아도 진실하게 행하는 자는 그의 기뻐하심을 받느니라"(잠 12:22).
"의인은 거짓말을 미워하나 악인은 행위가 흉악하여 부끄러운 데에 이르느니라"(잠 13:5).
"가난한 자는 거짓말하는 자보다 나으니라"(잠 19:22).
"거짓말하는 모든 자들은 불과 유황으로 타는 못에 던져지리니 이것이 둘째 사망이라"(계 21:8).

타인에게 하는 거짓말

거짓말은 주로 다른 사람들에게 한다. 그리고 거짓말을 하는 데에는 여러 가지 요인이 있다. 앞에서 거짓말이 교만과 게으름이라는 다른 죄들과 밀접한 관계가 있다는 점을 살펴보았다. 사람들에게 거짓말을 하는 이유는 진실이 우리의 체면을 손상할까봐 두렵기 때문이다. 자신에 관한 진실이 밝혀지는 것을 자존심이 허락하지 않을 때 거짓말로 자신의 행적을 덮어버린다. 형벌이 두려워 거짓말을 하기도 한다. 죄책을 덮기 위해서도 거짓말을 한다.

또한 게으름을 은폐하기 위해서도 거짓말을 한다. 가장 널리 시행되는 거짓말은 속이는 방식으로 이루어진다.

사람들은 준비가 부족한 것을 은폐하기 위해 속인다. 평소에 시험 준비를 부지런히 하지 않은 채 부정행위로 부족한 시험 준비를 때운다. 그런 식으로 들키지 않고 시험을 쳤다 해도 그렇게 받은 학점은 부정직하다. 특히 당락이 결정되는 시험에서 속임수를 쓰는 것은 더욱 유감스러운 일이다. 그것은 우리의 부정직으로 다른 사람이 피해를 입는 것이므로 도둑질과 다름없다.

예를 들어 골프 선수가 토너먼트에서 속임수를 쓰면 다른 선수들에게서 도둑질을 하는 것이다. 그러므로 속임수는 진리를 훼손할 뿐 아니라 다른 사람들에게 피해를 준다.

대학 시절 내가 연루되었던 사건을 생각하면 나는 지금도 낯이 달아오른다. 한 친구가 있었고, 그는 헬라어 공부를 몹시 힘들어했다. 시험을 치르기 전 나는 그 친구를 만나 단단히 시험 준비를 시켜주었다. 학기말 시험이 임박했는데도 그 친구는 시험 준비를 다 하지 못했다. 시험 시간에 교수님은 우리의 '명예'에 감독을 맡겨두고 밖으로 나가셨다. 그러나 우리는 명예롭게 행동하지 못했다.

그때 바로 내 옆자리에 그 친구가 앉아 있었다. 시험 문제를 풀어갈수록 그는 불안감이 커졌다. 결국 목을 길게 빼더니 내 답안지를 보기 시작했다. 나는 그를 도와주었다. 답안지를 책상 곁으로 밀어 친구가 뚜렷이 볼 수 있도록 해주었다. 그 행위에 명백히 동조한 것이다.

이후 교수 연구실 문에 성적표가 붙어서 가보니 두 명의 성적이 빠져 있었다. 내 이름과 그 친구 이름에 별표와 함께 '교수 면담 요'라고 적혀 있었다. 교수님 방문을 두드리는 순간 가슴이 쿵쾅거렸다.

교수님은 나를 연구실로 맞아들였다. 놀랍게도 교수님은 모든 시험 문제에 대한 모든 학생의 답을 도표로 만들어두셨다. 도표를 보니 여러 문제에 대해 딱 두 사람만 똑같이 틀린 답안을 기재했다. 부정할 수 없는 증거였다. 교수님은 나를 슬픈 표정으로 쳐다보시며 말씀하셨다. "물어볼 게 있네." "예, 물어보십시오." "자네 답안지에 적힌 답안들이 자네 것인가?" "그렇습니다. 하지만……."

나는 그 일에 공모했노라고 실토하려 했다. 그러나 교수님은 일언지하에 내 말을 가로막았다. "그 말은 듣고 싶지 않네. 내가 알고 싶은 건 자네 답안지에 적힌 답안이 자네 것이냐는 거야." 그 말에 나는 다시 한 번 "그렇습니다."라고 대답했다. 그러자 교수님은 내게 즉시 나가라고 했다.

이유를 알 수 없지만 교수님은 내게 벌을 내리지 않으셨고 지금도 나는 그것을 감사하게 생각하고 있다. 참으로 큰 긍휼을 받았다. 하지만 내 친구는 그렇지 못했다. 한 학기 전체에 F학점을 받았다. 그에게는 크나큰 재앙이었다.

우리 둘 다 속임수를 썼다. 나는 단순히 잔뜩 불안해 있는 그가 안돼 보여서 그를 도왔다. 평소 그를 도와주고 있었기 때문에 그가 좋은 점수를 받는 데서 자부심을 얻으려 했다. 그를 속이는 만큼 나 자신도 속였다. 어느 경위든 우리는 부정직했다. 그날 이후 나는 시험

때 결코 부정행위를 하지 않겠다고 결심했다.

또한 나는 속이고 싶은 유혹을 매우 민감하게 느끼게 되었다. 훗날 나는 교회에서 청년부를 지도하게 되었고, 내가 맡은 반에는 약 30명의 청년이 있었다. 어느 날 그들에게 이렇게 말했다. "진짜로 정직하게 털어놓읍시다. 여러분 중 시험을 치를 때 부정행위를 해본 사람은 얼마나 되지요?"

그들의 대답을 듣고 깜짝 놀랐다. 한 사람도 빠짐없이 손을 들었기 때문이다. 내가 충격을 받은 이유가 그들이 모두 부정행위를 했다는 사실 때문이었는지, 아니면 그들이 솔직하게 그 사실을 인정했다는 사실 때문이었는지는 잘 모르겠다.

그 후 나는 학생들과 왜 부정행위를 하게 되는지에 관해 긴 토론을 벌였다. 그들이 내놓은 대답에는 이런 것들이 있었다. "아버지가 내게 좋은 성적을 받아오라고 너무 강하게 요구하셔서요." "다른 애들도 다 하는데 나만 하지 않으면 경쟁에서 질 것 같아서요." "멍청해 보이고 싶지 않았어요." "시험이 공정치 않아요."

우리는 속에 있는 말들을 다 꺼내놓았다. 그런 다음 그룹으로 습관을 바꾸기로 결심했다.

나는 한 학기 내내 매주 그들을 만날 때마다 "학생들, 이번 주에 커닝을 했습니까?"라고 물었다. 그들 중 일부는 커닝하는 습관을 즉시 끊었다. 일부는 그 습관을 끊으려고 매우 진지하게 노력했다. 그러면서 그들 사이에 우정이 생겼고 그것에 힘입어 서로가 정직하도록 격려했다.

남에게 거짓말하는 사람이 다 교만하고 게으른 것은 아니다. 일부는 불의한 이익을 얻기 위해 거짓말을 한다.

예를 들어 세일즈맨들은 정상적인 상황에서 진실을 말하는 걸 잊어버린 것처럼 보인다. 가령 사업상 거래에서 그들은 구매자에게 진실을 말해주어야 한다. '구매자 위험 부담'이라는 편리한 정책 뒤에 숨어서는 안 된다. 만약 내 차에 보이지 않는 기계적 결함이 있다면 그 차를 팔기 전에 살 사람에게 자세히 알려주어야 한다. 겉만 번지르하게 꾸며서 팔면 사기다. 구매자에게 사실을 알려주어야 한다.

미국에서는 최근에야 비로소 임대 및 광고에 진실을 밝힐 것을 의무화하는 법안이 마련되었다. 임대인들은 처벌 규정 때문에 더 이상 은닉 비용을 감출 수 없다. 광고주들은 이제 상품을 과대광고하면 처벌을 받게 된다. 임대나 광고나 판매에서 하는 거짓말은 엄연히 도둑질이다.

타인에 관한 거짓말

사람들에게 거짓말을 하는 것과 다른 사람에 관해 거짓말을 하는 것은 별개다. 다른 사람에 관해 거짓말을 하는 것은 명예훼손이다. 그것은 사람들에게 중대한 해를 끼친다.

마귀는 중상모략의 대가다. 그는 자기 제자들을 부추겨 뒷공론, 험담, 비방을 하게 한다. 남의 명예를 훼손하는 것은 그의 재산을 훔치는 것보다 더 해로울 수 있다.

하나님은 다른 사람에 대한 비방과 거짓말을 매우 중대한 문제로 보시고 십계명에 그것에 대한 금령을 포함시키셨다. "네 이웃에 대하여 거짓증거하지 말라"(출 20:16).

그 금령은 법정에서 타인을 거짓고소하지 말라는 것 이상의 내용을 담고 있다. 이스라엘에서는 법정에서 사실을 말하되 모든 사실을 빠짐없이 말하는 것을 매우 중대한 책임으로 여겼다. 즉 법정에서 위증을 할 경우 사형으로 다스렸다.

법정이 증인들의 정직성을 확보할 수 없는 나라에서는 정의가 유지될 수 없다. 좀 더 일상적인 차원에서도 남을 모욕하는 거짓말은 중상의 형태를 띨 수 있다.

'중상하다'라는 동사의 의미와 효력을 간단히 생각해보자. 남을 중상한다는 것은 그에 관해 거짓말을, 그를 해롭게 하는 거짓말을 하는 것이다. 중상에는 부당한 고소도 포함된다. 아마 모든 사람이 중상을 당하는 게 얼마나 뼈아픈 일인지 경험해보았을 것이다. 자기가 저지른 죄 때문에 해를 당하는 것과 저지르지 않은 일 때문에 벌을 받는 것은 다르다. 거짓고소 때문에 고통당하고 싶어 하는 사람은 아무도 없다.

예수님은 공생애 내내 중상의 희생자셨다. 심지어 죽음의 고통을 당하는 중에도 비방을 받으셨다. 십자가에 달려 계시는 동안 함께 처형을 당하던 두 강도 사이에서도 변론거리가 되셨다. "달린 행악자 중 하나는 비방하여 이르되 네가 그리스도가 아니냐 너와 우리를 구원하라 하되"(눅 23:39).

실제로 예수님은 그리스도셨다. '만일'이라는 말이 필요 없었다. 이 점에서 강도가 예수님께 조롱하며 비방한 내용은 묘하게도 사실이었다. 첫 번째 강도는 예수님을 비방하려고 조롱했다. 반면 두 번째 강도의 대답은 눈여겨볼 만하다.

"하나는 그 사람을 꾸짖어 이르되 네가 동일한 정죄를 받고서도 하나님을 두려워하지 아니하느냐 우리는 우리가 행한 일에 상당한 보응을 받는 것이니 이에 당연하거니와 이 사람이 행한 것은 옳지 않은 것이 없느니라"(눅 23:40-41).

여기서 두 번째 강도는 자기가 받는 벌이 정당하다고 시인했다. 그는 십자가에 달릴 만한 죄를 지었다. 물론 다른 강도에게도 죄가 있었다. 둘은 공의의 집행을 받았다. 그들은 당연히 받아야 할 벌을 받고 있었다.

그러나 예수님은 자신에게 가해진 고소에서 무죄하셨다. 거짓고소의 희생자셨다.

십자가-모든 구속사의 구심점-는 하나님의 관점에서 볼 때 구원의 중대한 시점이지만 인간의 관점에서는 이 세상에서 행해진 가장 사악한 불의였다. 즉 인간 역사상 가장 극악한 중상이었다. 로마의 정의는 무죄한 하나님의 아들이 죽을 만한 일을 저질렀다고 선언했다. 그리고 하나님이 택하신 백성이자 메시아를 기대하던 유대인들은 무죄한 사람을 로마인들에게 넘겨주었다.

두 번째 강도는 오해를 바로잡았다. 그는 "이 사람이 행한 것은 옳지 않은 것이 없느니라"(눅 23:41)는 말로 로마 총독 본디오 빌라도의 판결을 되풀이했다. "이 사람에게서 죄를 찾지 못하였고"(눅 23:14). 그러나 빌라도는 이런 말로 예수님의 무죄를 입증하지 않고 군중의 함성 속에 숨어 거짓고소에 해당하는 형벌을 집행하도록 허락했다. 로마 제국의 정의의 수호자였던 그는 성난 군중을 달래기 위해 정의의 낯에 침을 뱉었다. 두 번째 강도가 얼마나 타락한 사람이었든 그는 자신의 마지막 순간을 진리를 위해 싸우는 데 사용했다. 그 순간만큼은 정의를 말하고 자비를 호소하면서 죽었다. "예수여 당신의 나라에 임하실 때에 나를 기억하소서"(눅 23:42).

예수님은 자신의 무고함이 이런 사람에게 변호를 받게 된 것에 가슴이 뭉클하셨을 것이다. 예수님은 즉시 은혜의 약속으로 대답하셨다. "내가 진실로 네게 이르노니 오늘 네가 나와 함께 낙원에 있으리라"(눅 23:43).

그 강도가 지금도 낙원에서 예수님과 함께 있겠지, 생각해본다. 하지만 마귀는 그렇지 못하다. 그리스도의 나라에는 중상이 자리 잡을 곳이 없다.

지금까지 나는 중상이 하나님의 백성을 공격하는 마귀의 주된 일 중 하나이기 때문에 유해한 거짓말이라는 점을 설명했다. 남을 중상하는 것은 그 사람의 명예를 훼손하는 것이다. 우리 삶에는 명예, 즉 '선한 평판'이 중요하다. 악한 평판을 받으며 살지 않더라도 삶은 그 자체만으로 매우 어려운 일이다.

선의의 거짓말

야곱은 탈취자였다. 형 에서의 장자권을 도둑질하여 명예를 잃었다. 그는 속임수로 도둑질했다. 이삭이 연로하여 눈이 어두울 때 야곱은 짐승 가죽을 입고 형 에서처럼 털이 많은 사람으로 변장하여 이삭으로 하여금 족장의 복을 자기에게 주도록 속였다. 이 모든 일은 이삭의 아내 리브가의 도움과 지도하에 이루어졌다. 즉 리브가는 거짓말의 어미였다.

> "그런즉 내 아들아 내 말을 따라 내가 네게 명하는 대로 염소떼에 가서 거기서 좋은 염소 새끼 두 마리를 내게로 가져오면 내가 그것으로 네 아버지를 위하여 그가 즐기시는 별미를 만들리니 네가 그것을 네 아버지께 가져다 드려서 그가 죽기 전에 네게 축복하기 위하여 잡수시게 하라"(창 27:8-10).

리브가는 단지 하나님의 뜻을 이행했을 뿐이라고 항변할 수도 있다. 하나님은 큰 자가 어린 자를 섬기도록 정해두셨고, 야곱은 약속의 자녀였다. 따라서 리브가는 그와 같은 하나님의 주권적인 뜻이 이루어지도록 행동했을 뿐이다.

그러나 하나님은 자신의 거룩한 뜻을 이루시는 데 인간의 죄를 요구하지 않으신다. 하나님은 죄를 주관하시되 죄를 조장하시는 분은 아니다. 유다를 통해서도 자기 뜻을 이루셨지만 그렇다고 해서 유다의 죄악을 사면해주시지는 않았다.

요셉 형들의 경우를 보더라도 그들은 악한 의도로 그 일을 했지만 하나님은 그 일을 선하게 사용하셨다. 따라서 리브가는 자기 죄에 대해 분명한 책임이 있다. 그 죄는 에서와 야곱 사이에 끊임없는 분쟁과 미움을 낳았고, 후대에도 그것이 계속되었다. 심지어 오늘날 팔레스타인의 피비린내 나는 투쟁도 한 여인의 거짓말에 그 뿌리를 두고 있다 말할 수 있다.

반면 기생 라합의 거짓말은 어떠했는가? 라합은 그 거짓말 때문에 히브리서 11장에 기록된 신앙의 용사 목록에 들었다.

"믿음으로 기생 라합은 정탐꾼을 평안히 영접하였으므로 순종하지 아니한 자와 함께 멸망하지 아니하였도다"(히 11:31).

여호수아 2장에서 라합의 거짓말을 본다.

"그 여인이 두 사람을 이미 숨긴지라 이르되 과연 그 사람들이 내게 왔었으나 그들이 어디에서 왔는지 나는 알지 못하였고 그 사람들이 어두워 성문을 닫을 때쯤 되어 나갔으니 어디로 갔는지 내가 알지 못하나 급히 따라가라 그리하면 그들을 따라잡으리라"(수 2:4-5).

매우 뻔뻔스런 거짓말이다. 여기서 문제가 생긴다. 과연 라합은 거짓말 때문에 하나님께 복을 받았을까, 아니면 거짓말을 했는데도 불구하고 복을 받았을까? 어떤 사람들은 라합을 리브가와 같은 범주에 두면서, 라합이 거짓말을 했는데도 불구하고 복을 받았다고 주장한다. 이 견해는 거짓말이 항상 나쁘다는 주장을 취한다.

다른 한편으로는 진실을 말할 만한 때에만 진실을 말해야 한다는 견해다. 이 견해는 언제나 진실이 가장 중요한 것은 아니라고 주장한다. 즉 모든 사람에게 진실을 말해야 하는 것은 아니라는 것이다.

예를 하나 들겠다. 내가 네덜란드에서 살 때 집주인은 제2차 세계대전 때 5년 동안 나치 치하에서 살았던 여성이었다. 당시 독일군은 젊은 네덜란드인들을 붙잡아 배에 실어 수용소로 보내거나 나치의 전쟁 지원 사역에 투입했다. 그래서 그 여성은 아들을 숨기기 위해 마루 밑을 파서 은신처를 만들었다. 그 조그만 공간에 환풍기를 설치하고 식량도 저장해두었다.

어느 날 독일군들이 청년들을 잡아가기 위해 마을을 수색하기 시작했다. 그 여성은 아들을 마루 밑에 숨겼다. 기관총으로 무장한 군인들은 노크도 하지 않은 채 문을 박차고 들어왔다. 그리고 잽싸게 침실로 뛰어들어가더니 옷장을 열어 청년의 옷이 있는지 뒤졌다. 침대에 온기가 있는지도 만져보았다. 마지막으로 거실로 돌아와 그 여성의 아들이 숨어 있는 곳 바로 위를 디디고 섰다. 군인 하나가 말했다. "이 집에 청년들을 숨겨두었소?"

그 순간 그녀의 도덕적 책임이 무엇이었을까? "예, 마루에 한 명 있습니다."라고 대답했어야 할까?

나는 그렇게 생각하지 않는다. 그 여성에게는 거짓말할 권리가 있고, 나치는 진실을 받아낼 권리가 없었다. 그 여성은 "아니오, 이곳에는 청년이 없어요."라고 대답했다.

그러자 군인들은 마루에 대고 총을 쏘기 시작했다. 그러면서 그 어머니에게 약간이라도 고통스러운 표정이 있는지 살폈다. 그 여성은 겉으로는 매우 태연한 척했으나 속으로는 공포에 떨었다.

마침내 군인들이 떠났다. 잔뜩 겁에 질린 어머니는 은신처의 문을 열고 신속히 뛰어들어갔다. 아들은 하나도 상하지 않은 채 그곳에 있었다. 어머니의 거짓말이 아들을 구한 것이다.

소중한 물건을 감춰놓은 곳을 강도에게 말해줄 필요는 없다. 군인은 적군에게 사로잡혀도 아군의 위치를 말할 필요가 없다.

진실은 그것을 들을 자격이 있는 사람에게 말해주어야 한다. 진실을 들을 자격이 없는 사람에게 진실을 말하는 것은 하나님을 기쁘시게 하는 일이 아니다.

자신에게 하는 거짓말

우리가 지닌 가장 어려운 과제는 자기 자신에 관한 진실을 스스로에게 말하는 것이다. 얼른 생각하면 그게 왜 어려운 것인지 이해되지 않는다. 우리 자신보다 우리에 대해 더 잘 아는 사람이 어디 있겠는가!

그럼에도 불구하고 우리 자신에 대해 좋은 평판을 갖게 해야 할 대상은 바로 우리 자신이다. 엄격한 진실을 가지고 우리 인격의 어두운

부분을 들여다보는 건 참으로 고통스러운 일이다. 대개는 죄를 깨우쳐주시는 하나님의 초자연적 능력이 개입되어야 자신의 실재를 파악하게 된다. 성령께서 우리 자신에 관한 모든 진실을 한꺼번에 우리에게 들춰내시지 않는 건 실로 다행한 일이다.

자신의 정체가 남김없이 드러나는 것을 과연 누가 참을 수 있겠는가? 이사야는 잠시나마 하나님의 거룩하심을 희미하게 접한 뒤 스스로를 저주했다. 욥과 하박국도 하나님이 그들의 모습을 적나라하게 들춰내실 때 거의 혼절했다.

우리는 우리 자신에게 거짓말을 한다. 자신의 행위를 최대한 미화한다. 남은 쉽게 비판하면서 자신에 대해서는 변명한다. 우리는 합리화의 대가들이다.

다윗을 생각해보자. 그는 하나님의 마음을 본받은 사람이다. 그런 그가 밧세바와 함께 죄에 빠질 때는 자신의 잘못을 가리기 위해 온갖 교활한 꾀를 동원했다. 죄를 범한 데에다 대리살인까지 저질렀다. 왕의 직권을 남용하여 밧세바의 남편 우리아를 일선으로 보낸 것이다.

그 후 다윗은 선지자 나단에게 비판을 받았다. 나단은 얼핏 듣기에 무해한 비유로 왕에게 말했다.

"여호와께서 나단을 다윗에게 보내시니 그가 다윗에게 가서 그에게 이르되 한 성읍에 두 사람이 있는데 한 사람은 부하고 한 사람은 가난하니 그 부한 사람은 양과 소가 심히 많으나 가난한 사람은 아무것도 없고 자기가 사서 기르는 작은 암양 새끼 한 마리뿐이라 그 암양 새끼는 그와 그의 자식과 함께 자라며 그가 먹는 것을 먹으며 그의 잔으로 마시며 그의 품에 누우므로 그에게는 딸처럼 되었거늘 어떤 행인이 그 부자에게 오매 부자가 자기에게 온 행인을 위하여 자기의 양과 소를 아껴 잡지 아니하고 가난한 사람의 양 새끼를 빼앗아다가 자기에게 온 사람을 위하여 잡았나이다"(삼하 12:1-4).

선지자에게서 이 말을 들은 다윗은 격노했다.

"다윗이 그 사람으로 말미암아 노하여 나단에게 이르되 여호와의 살아계심을 두고 맹세하노니 이 일을 행한 그 사람은 마땅히 죽을 자라 그가 불쌍히 여기지 아니하고 이런 일을 행하였으니 그 양 새끼를 네 배나 갚아주어야 하리라"(삼하 12:5-6).

그러자 나단은 죽을 각오를 하고 다윗의 영혼에 칼을 깊숙이 들이대며 "당신이 그 사람이라"고 외쳤다.

그 말을 들은 다윗은 산산이 부서졌다. 죄를 지은 만큼 혹독하게 회개하며, 눈물로 베개를 적셨다. 양심에 잔뜩 상처를 입은 채 불멸의 시, 시편 51편을 썼다. 그러나 다윗은 직접적으로 자기 죄를 볼 수 없었다. 나단이 죄를 은폐하고 있던 그 앞에 거울을 갖다 대자 비로소 그 죄를 볼 수 있었다. 그 죄가 다른 사람의 이야기로 전달될 때는 뚜렷이 그것을 알아봤다. 그러나 나단이 정확하게 손가락으로 자기를 가리키기 전까지는 그 죄가 자기 죄인지를 알지 못했다.

다윗만 그런 것이 아니다. 이러한 자기기만에서는 모두가 다 다윗이다.

하나님께 하는 거짓말

우리는 다른 사람에게 거짓말을 하고 우리 자신에게도 거짓말을 한다. 그러나 하나님께 거짓말을 할 때는 말할 수 없이 큰 죄가 된다. 하나님께 하는 거짓말은 불손할 뿐 아니라 어리석다. 하나님을 속일 수 있다는 생각만으로 몹시 어리석다. 하나님은 우리 마음에 있는 모든 은밀한 생각을 아신다. 꿰뚫어보시는 하나님의 시선으로부터 우리의 죄책을 가릴 만한 것은 없다.

우리는 다양한 방법으로 하나님께 거짓말을 한다. 에덴동산에서 쫓겨난 이후 우리는 하나님을 피하며 수치를 감추려고 노력해왔다. 우리는 하나님의 진리를 범한다. 하나님이 우리와 맺으신 언약들을 깨뜨린다. 하나님께 맹세하는 것과 그것을 깨뜨리는 것은 하나님께 거짓말을 하는 것이다.

성경에서 하나님께 거짓말을 한 가장 현저한 예는 아나니아와 삽비라 이야기다.

"아나니아라 하는 사람이 그의 아내 삽비라와 더불어 소유를 팔아 그 값에서 얼마를 감추매 그 아내도 알더라 얼마만 가져다가 사도들의 발 앞에 두니 베드로가 이르되 아나니아야 어찌하여 사탄이 네 마음에 가득하여 네가 성령을 속이고 땅값 얼마를 감추었느냐 땅이 그대로 있을 때에는 네 땅이 아니며 판 후에도 네 마음대로 할 수가 없더냐 어찌하여 이 일을 네 마음에 두었느냐 사람에게 거짓말한 것이 아니요 하나님께로다"(행 5:1-4).

베드로에게 정죄를 당하자마자 아나니아는 숨을 거두었다. 잠시 후 그의 아내도 똑같이 죽었다. 하나님의 심판은 신속하고 단호했다. 그들의 부정직을 참지 않으셨다.

사도행전은 아나니아와 삽비라에게 가해진 형벌의 결과를 "온 교회와 이 일을 듣는 사람들이 다 크게 두려워하니라"고 말한다(행 5:11).

아나니아와 삽비라의 죄는 소유를 팔아 다 내놓지 않은 것이 아니다. 그것은 교회에 보편적으로 부과된 요구가 아니었다. 그들의 죄는 거짓말이었다. 자신들의 소유를 판 값을 감추지 않았다고 하나님께 거짓말했던 것이다.

1세기에 교회를 사로잡았던 건강한 두려움은 오래전에 증발해버렸다. 오늘날 교회의 성도들은 스스로 작정한 헌금의 80-85% 이상을 실제로 헌금하지 않는다. 교회는 아직도 하나님께 거짓말하던 아나니아의 정신을 갖고 있다.

예수님은 진리를 증거하시려고 오셨다. 때문에 그의 백성은 진리의 백성이라고 불린다. 우리 그리스도인들은 거짓말하는 타락한 성향을 벗어버려야 한다. 거짓말하지 않고 살아야 한다. 성실하게 살고, 정직하려고 노력해야 한다.

진리는 신성하다. 하나님은 진리의 하나님이시기 때문이다. 하나님은 거짓과 아무런 상관이 없으시다. 하나님의 말씀은 절대적으로 신뢰할 수 있다. 진리에 대한 그런 신실함을 본받아야 한다. 진리를 말하고 진리를 행하고 진리대로 살아야 한다. 그렇게 사는 것을 하나님이 기뻐하신다.

14. 교리와 삶

———— R. C. 스프로울 ————

실제로 문제가 되는 것은 교리가 아니라 삶이다. 이것이 기독교에서 자주 표출되는 생각이다. 이 개념은 다음과 같이 단순하다. 즉 하나님은 우리가 '무엇을 믿느냐' 보다 '어떻게 사느냐' 에 더 큰 관심을 갖고 계신다. 신조와 교리는 중요하지 않다. 중요한 것은 겉으로 나타나는 행위다. 정통신학(orthodoxy)이 아닌 정통실천(orthopraxy)이 중요하다. 바른 사고보다 바른 행동으로 하나님을 더 기쁘시게 할 수 있다.

사실 이것은 위험한 결과를 초래하는 그릇된 딜레마다. 바른 사고와 바른 삶은 병행한다. 이 둘을 구분할 수는 있어도 따로 생각할 수는 없다. 실천은 바르지 않아도 이론은 바를 수 있다. 반대로 이론은 바르지 않은데 실천이 바를 수도 있다. 그러나 그것은 우연일 뿐이다.

교리에 대한 비판은 대개 공통된 형태를 갖는다. 우선 매우 정확한 신학적 대답을 갖고 있으면서도 삶은 추문으로 얼룩진 사람들이 있다는 것을 인정하는 데서 시작한다. 마귀는 신학시험에서 매우 높은 점수를 얻을 수 있다. 예수님이 하나님의 아들이라는 것을 제자들도 모를 때 먼저 알아본 것이 귀신이다. 그러나 귀신들은 자기들이 뚜렷이 아는 진리를 미워한다. 마찬가지로 하나님에 관한 진리를 알면서도 하나님을 기쁘시게 할 수 없는 삶을 사는 사람들이 많다.

지도자들의 반란

기독교에서는 신학, 특히 학문적 신학에 대해 깊은 의혹이 있고, 그럴 만한 충분한 이유가 있다. 지금까지 교회는 어느 학자가 "지식인들의 반란"이라 부른 일을 겪어왔다. 성경적 기독교에 반기를 든 많은 회의주의가 교회 안에서 나왔다. 하나님이 죽었다고 선언한 자들도 신학자들이었다. 성경의 신빙성을 공격하는 것 역시 신학교들이다.

신학교 1학년 때 대략 그런 현실을 보게 된 적이 있다. 우리 학년을 가르치던 어느 교수가 그리스도의 신성을 부인할 뿐 아니라 적대감을 가지고 공격하는 소리를 듣고 충격을 받았다. 만약 그 교수가 성경적 신앙을 더 이상 수용할 수 없어서 개인적으로 깊은 신앙의 갈등을 겪고 있다고 말했다면 충격이 덜했을 것이다. 눈물을 흘리며 상한 심정으로 그렇게 고백했다면 이해할 수 있었을 것이다. 그러나 그는 성경적 예수관을 호전적으로 부정했다.

그 교수에게 이 점에 관해 문제를 제기하자 그는 나를 넌지시 보더니 이렇게 말했다. "젊은이, 자네는 너무 많은 선입견을 가지고 신학교에 들어왔군." 그가 나에게 질책한 선입견이란 바로 그리스도의 신성에 관한 믿음이었다.

당혹스러웠다. 순진하게도 나는 목회자가 되기 위해 신학교에 가는 사람은 누구나 그리스도의 신성을 확신한다고 주장했다. 다른 이유가 있다고 상상할 수 없었다. 내가 우리 교회의 신조들이 그리스도의 신성을 분명히 시인한다는 점을 환기시키자 그 사람은 (사적으로) "정통 신조들은 순 ○○○이야."(주저 없이 욕설을 했다)라고 대답했다.

교회와 관련된 대학에 다니는 수많은 학생이 비슷한 일을 겪는다. 이런 유의 회의주의에 고통과 충격을 받은 다음 취하게 되는 자연스런 행동은 신앙의 비이성적 도피처로 물러가는 것이다. 그렇게 되면 다음과 같이 생각하고 싶은 유혹에 빠진다. '만약 학문적 신학이 내놓는 게 이런 거라면 누가 이런 걸 필요로 하겠는가? 나는 그냥 단순하게 믿음을 지키고 신학에 깊이 빠지지 말자.'

그러므로 신학자라고 해서 그가 반드시 그리스도인일 거라고 단정해서는 안 된다. 안수 받은 목사도 마찬가지다. 슬프게도 잘못된 이유로 사역을 시작한 사람들이 많다. 어떤 사람들은 신학적 회의주의를 직업으로 삼고 있다. 기독교를 반증하고 중립화하고 변화시키려는 타오르는 의지로 기독교 신학을 공부하기로 결정한 사람들도 있다. 자연인은 평생 하나님을 대적할 만큼 하나님께 반감을 갖고 있다. 교회 안에 대적이 있다.

목사 안수를 받은 뒤 회심했다고 고백하는 성직자들에게서 우리는 사실상 많은 사람이 불신 가운데 안수를 받는다는 증언을 들어왔다. 미국 식민지 개척시대의 목사 길버트 테넌트는 '회심하지 않은 목사의 위험'이란 제목의 글을 썼다. 그의 글은 단지 "늑대야!"라는 외침이 아니었다. 실제로 양의 가죽을 쓴 늑대들이 있다. 그들은 하나님의 사람처럼 가장하고 있지만 속으로는 하나님과 전쟁을 벌이고 있다. 그때나 지금이나 새로운 게 하나도 없다. 예수님의 지상사역 때 그분에게 가장 적대적이었던 집단이 당시의 성직자인 서기관들과 바리새인들이었다는 사실을 기억해야 한다.

사람들은 온갖 이유를 가지고 목사 안수를 받으려 한다. 그중 한 가지는 자기들의 불신을 합법화하기 위한 것이다. 또 한 가지 이유는 앞에서 본 것처럼 내부에서 그리스도를 대적하기 위해서다. 또 교회를 경이로운 사회사업 단체로 보는 순수한 인본주의자들도 있다. 사회에 영향을 끼치는 데 교회처럼 확고한 연단을 어디에서 찾을 수 있겠는가!

사업가가 새로운 사회에 들어가면 새로운 관계를 수립하기 위해 열심히 뛰어야 한다. 그 사회에서 명성을 얻고 영향력 있는 지위에 오르려면 시간과 노력이 필요하다는 현실을 직시하지 않으면 안 된다. 그러나 목사가 새 임지에 오면 곧장 그 사회에서 지도자의 자리에 오른다. 지교회의 영향력이 미미할 수 있지만 그래도 여전히 영향력 있는 실체다. 목사는 언제든 영향력을 행사할 연단을 갖고 있다. 강단이 있고, 회중이 있고, 교회사업이 있다. 월급으로는 최고 대우를 받지 못할지라도 영향력을 행사하고 사회의 지도자로서 활동할 기회는 얼마든지 있다. 사람들에게 자기 견해를 심어주려고 작정한 사람에게는 강단이 거리의 사과궤짝보다 낫다.

또 다른 요인들이 있고 그중 일부는 차마 말하기도 곤란하다. 한 가지 비열한 동기는 1960년대에 강렬히 깨달았다. 당시에는 신학교에 입학하면 징집을 면제받았다. 일부 신학생들은 바로 그런 목적으로 입학한 사람들이었다. 신학교에서 그럭저럭 3년을 보내는 게 베트남전에 참여하거나 캐나다로 망명하는 것보다 나아보였다.

그러나 집 한 채 전부를 같은 붓으로 칠하려는 것은 아니다. 대다수 성직자들은 하나님을 섬기려는 진지한 의지를 가지고 목회에 뛰어들었다. 양의 가죽을 쓴 양들이 많다. 실로 그들은 양 이상의 존재, 곧 목자들이다. 이 목자들은 하나님을 사랑하며 자기들에게 맡겨진 사람들을 사랑한다. 비록 실패하는 일이 있을지라도 여전히 하나님을 기쁘시게 하려 하고 다른 사람들도 그렇게 하도록 인도하기 위해 노력한다.

교리의 필요성

교회는 헌신적인 목사들을 필요로 한다. 헌신적인 신학 교사들도 필요로 한다. 교회는 어느 시대나 건실한 신학자들의 사역에서 큰 유익을 얻었다. 나는 거듭해서 아우구스티누스의 통찰력, 토마스 아퀴나스의 설득력, 칼빈의 명철함, 루터의 열정을 강조한다. 이분들은 내 정신과 영혼에 양식을 주었다.

우리 모두가 좋은 교사들을 필요로 한다. 그들이 없으면 어떤 일이 일어날지 잘 안다. 그렇다면 어떻게 그런 사람들을 찾을 수 있을까? 좋은 신학 교사의 표식은 무엇일까?

좋은 교사를 찾는다는 건 좋은 의사를 찾는 것과 비슷하다. 우리는 자기가 무엇을 하고 있는지 알고 있는 의사, 신뢰하고 몸을 맡길 수 있는 의사를 원한다. 우리를 맡은 의사가 따뜻하고 친절하지만 의학적인 식견이 빈약할 때는 큰 문제가 생긴다. 그가 내 혈관에 엉뚱한 주사액을 주입한다면 아무리 따뜻하게 내 손을 잡아준들 별로 위로가 되지 못한다.

반대로 고도로 숙련된 전문의인데 환자에 대해 별로 관심을 갖지 않는 의사들도 있다. 그들은 질병을 다루는 법은 알지만 사람을 다루는 법은 모른다.

가능하다면 우리는 의료 지식에 통달할 뿐 아니라 우리 개인의 가치도 존중해주는 의사를 원한다. 의학에서는 그런 의사를 만나는 게 최선이다.

이와 비슷하게 신학에서는 고도의 역량과 지식, 그리고 하나님에 대한 깊은 사랑을 갖춘 교사들이 필요하다. 하나님을 사랑한다는 것은 하나님께 속한 것들을 올바로 이해하지 못하도록 가로막는 장벽이 아니다. 정반대다. 하나님을 향한 마음은 그분에 대한 신학 지식을 증진시킨다.

암스테르담 자유대학교의 벌카우어 교수는 어느 날 강의 시간에 이렇게 말했다. "학생 여러분, 위대한 신학자들은 한결같이 자기들의 작업을 송영으로 시작해서 마칩니다!" 송영! 거장들의 저서에서 우리는 송영의 정신과 숨결을 느낄 수 있다. 그들의 저서는 찬송에 대한 분석과 해설로 그치지 않는다. 교회의 대신학자 사도 바울의 글을 읽어보라. 선택이라는 몹시 무거운 주제를 다루는 동안 그는 다음과 같은 외침으로 사고의 흐름을 막는다. "깊도다 하나님의 지혜와 지식의 풍성함이여, 그의 판단은 헤아리지 못할 것이며 그의 길은 찾지 못할 것이로다"(롬 11:33).

교회사의 거장들에게서도 똑같은 송영의 정신을 본다. 대표적으로 아우구스티누스, 아타나시우스, 안셀무스, 아퀴나스, 루터, 칼빈, 에드워즈에게서 그 정신을 놓칠 수 없다.

물론 이들 중 무류(無謬)한 사람은 하나도 없다. 또한 그들에게서 서로 불일치하는 점들은 얼마든지 발견할 수 있지만, 믿음에 관한 본질적 교리에서는 그들 사이에 주목할 만하고 심오한 일치가 있다. 루이스가 간파한 점을 보라.

기독교를 혐오하던 시절에 나는 매우 친숙한 냄새처럼 거의 변함없이 다가오는 어떤 것을 식별하는 법을 터득했다. 청교도 번연과 영국국교도 후커와 토머스주의자 단테에게서 만나는 것들 말이다. 당시 그것은 프랑수와 드 살레에게 (달콤하고 향기롭게) 있었다. 스펜서와 월턴에게 (근엄하고 수수하게) 있었다. 파스칼과 존슨에게 (엄하고 남자답게) 있었다. 본과 뵈메와 트러헌에게는 약간 두렵고 낙원적 풍미를 가지고 있었다. 18세기 도시 사회는 안전하지 못했다. 법과 주먹이 길에 있는 두 마리의 사자였다. 이른바 엘리자베스 시대의 '이교주의'도 그것을 막을 수 없었다. 그것은 사람이 안전하다고 생각할 만한 곳에, 즉 여왕의 궁전과 낙원 아케이디아에조차 도사리고 있었다. 물론 그것은 다양했다. 그럼에도 불구하고 똑같았다. 그것은 우리가 생명이 되도록 허용하기 전까지 죽음의 향기였고, 우리는 그 향기를 피할 수 없었다.*

또 20세기 비평 신학자 루돌프 불트만의 글을 읽어보라. 불트만은 기괴한 전문 지식을 발휘하며, 그의 비평 역량은 주목할 만하다. 그러나 그의 모든 저서에서 단 한 마디의 송영이라도 발견하려면 디오게네스의 등불이 필요하다. 그 점에서 우리는 무언가를 간파해야 한다. 하나님을 찬송할 수 없는 사람이 자신의 방대한 학식을 가지고 하나님을 기쁘시게 할 수 있을지 의심해봄직하다.

우리는 여전히 일반 그리스도인들 사이에 신학에 대한 우려가 팽배하게 깔려 있다는 딜레마를 해결해야 한다. 나는 때로 기독교 서점을 비판했다. 기독교 서점에서 파는 책 대다수가 신학적으로 빈약하기 때문이다. 단순한(그것은 장점이다) 정도를 넘어 극단적으로 단순하다(그것은 해악이다). 송영은 많지만 신학은 없다. 기독교 서점에 진열된 어떤 책은 정통 신학에 대한 심각한 무지를 드러낸다. 그것은 악서(惡書), 곧 좋은 의도로 쓴 악서다. 하지만 아무리 의도가 좋아도 악서는 악서다.

내 입장에서 기독교 서점과 기독교 출판사를 비판한다는 건 내게 먹이를 주는 손을 무는 것이나 다름없다. 그러나 만약 그 손이 그리스도의 양떼에게 해로운 양식을 먹인다면 누군가 그 손을 물어야 한다.

---

* C. S. Lewis, God in the Dock, ed. Walter Hooper (Grand Rapids: Eerdmans, 1970), 203-204.

나는 서점과 출판사들에게 신앙의 거장들의 저서들을 소개하는 데 힘써달라고 호소해왔다. 그럴 때마다 듣는 대답은 거장들의 책은 일반 독자들에게 잘 팔리지 않는다는 것이다. 나는 여전히 호소한다. 그리고 만약 회사가 고전들을 홍보한다면 그 책들도 잘 팔릴 것이라고 확신한다.

한번은 존 머리의 「행동 원칙들」(Principles of Conduct: Aspects of Biblical Ethics)을 신학교 교재로 사용하기 위해 출판사에 주문했다. 그 출판사는 그 책이 절판되었다고 알려왔다. 순간적으로 화가 치밀어 올랐다. 출판사 사장에게 그 책을 다시 출판하도록 간청했고, 필요하다면 재정 부담을 하겠다고 제안했다. 그 책은 출판의 연옥으로 집어넣어서는 안 될 매우 중요한 책이었다. 다행스럽게도 그 출판사는 방침을 바꾸어 그 책을 다시 발행했다.

나는 서점들이 루터, 아우구스티누스, 에드워즈, 그리고 그 밖의 거장들의 책들을 대신 진열하기로 한다면 내 책들을 모두 지하 창고에 집어넣거나 태워버려도 기뻐하겠다. 지금 내가 알고 있는 것 가운데 그분들에게서 배우지 않은 것이 어디 있겠는가! 그분들과 나의 차이는 그분들의 책이 훨씬 더 철저한 숙고 끝에 나온 것이고 훨씬 더 잘 썼다는 것밖에 없다. 제임스 보이스, 제임스 패커, 찰스 콜슨, 그리고 그 밖의 여러 현대 저자들도 나와 생각이 같으리라 확신한다. 우리는 그 거장들 곁에 서면 기껏해야 난쟁이들에 불과하다.

견실한 교리가 필요하다. 성결의 성령님은 진리의 영이시기도 하다. 진리와 의는 함께 간다. 바른 삶은 바른 사고에서 흘러나온다. 물론 속이 바뀌지 않고도 겉으로만 바뀐 것처럼 살 수 있다. 그렇게 해서 얻는 것은 우리를 바리새인으로 만든다. 반면 성령께서는 문제의 뿌리를 건드리신다.

익히 아는 것처럼 좋은 나무가 좋은 열매를 맺는다. 변화된 정신이 변화된 삶을 내놓는다. 하나님에 대해 어떻게 생각하는지가 하나님에 대한 반응에 가장 중요한 영향을 준다. 회개도 행동의 변화가 일어나기 전에 생긴 마음의 변화다.

그러므로 교리와 삶을 구별하는 그릇된 이분법을 배척해야 한다. 거룩한 생활을 하지 않고는 견실한 교리를 지닐 수 없다. 견실한 교리 없이 거룩한 생활을 해나가는 것도 극히 어렵다. 견실한 교리는 견실한 삶을 위한 충분조건이 아니다. 견실한 교리를 갖고 있다고 해서 저절로 거룩하게 되는 건 아니다. 그것은 성화의 필요조건이며, 매우 중요한 선결요건이다. 산소와 불의 관계와 같다. 산소가 있다고 해서 저절로 불이 나는 건 아니지만, 산소 없이 불을 일으킬 수는 없다.

의식, 신념, 양심

왜 그럴까? 왜 견실한 교리가 성화에 필요할까? 그리스도인의 삶에 진정한 성화가 발생하려면 적어도 세 가지 절대적인 변화가 필요하다. 바로 의식의 변화와 신념의 변화, 그리고 양심의 변화다. 즉 의식, 신념, 양심, 이 세 가지가 우리의 성화에 대단히 중요하다.

의식은 지식을 포함한다. 하나님이 명하시는 것과 하나님이 기뻐하시는 것을 계획적으로 행하려면 먼저 하나님이 요구하시는 바가 무엇인지 알아야 한다. 율법에 죄에 대한 지식이 나온다. 또한 율법에서 의에 대한 지식이 나온다.

뜻을 정하고 행동하지 않았는데도 '우연히' 율법에 순종하게 되는 경우가 있다. 하지만 그런 행동에는 도덕적 가치가 없다. 어떤 사람이 자동차를 시속 80km로 달리는 걸 좋아한다고 가정해보자. 그에게는 그 속도로 달리는 게 쾌적하다. 그는 최고 속도 시속 90km 지대와 최고 속도 시속 24km 지역을 늘 시속 80km로 달린다. 이런 경우 최고 속도 90km 지대를 달릴 때는 속도위반이 아니다. 법을 지킨다. 그러나 최고 속도 24km 지대를 달릴 때는 주변 사람들을 위협할 수밖에 없다.

그가 속도 제한 표지를 의도적으로 무시한다고 가정해보자. 속도 제한 표지를 포함한 어떠한 교통 표지판도 쳐다보지 않고 속도 제한에 별로 신경을 쓰지 않는 것이다. 그러면 그는 가끔 '우연히' 법규를 지키게 되지만, 그것은 순전히 우연의 일치다. 만약 그가 운전자로서 도덕성을 가지고 항상 제한 속도 내에서 운전을 하고 싶다면 정신을 차리고 법규를 의식해야 한다.

그러나 의식한다고 다 되는 건 아니다. 제한 속도를 잘 알면서도 그것을 어기는 사람이 많다. 법규 위반 차량을 발견하는 데까지 갈 필요도 없다. 우리 행동이 변하려면 의식하는 단계를 넘어 신념을 가져야 한다.

신념은 깊이와 강도의 문제다. 어떤 행동이 옳다고 의식하는 것과 그것을 확신하는 것은 별개다. 신념을 거슬러 행동하는 것보다 알고도 슬쩍 넘어가는 것이 훨씬 쉽다. 확신은 정착된 지식이다. 때문에 우리는 그것을 단단히 붙든다. 두뇌를 넘어 양심까지 파고든다.

양심은 행위에 대해 감독관 역할을 한다. 내면의 음성이 우리를 고소하기도 하고 변명하기도 한다. 승인하거나 승인하지 않은 방식으로 우리 행위를 감시한다. 문제는 양심이 언제나 진리를 말하는 것은 아니라는 사실이다. 우리는 자신을 승인하는 쪽으로 양심을 길들이는 데 능숙하다.

죄의식을 가지고 사는 것은 힘겨운 일이다. 죄책감이 우리를 무력하게 만든다. 문자 그대로 구토를 일으킬 수 있다. 신경성 질환을 일으킬 수 있다. 죄의식에 사로잡히면 행동을 바꾸거나 의식을 바꿀 수 있다. 양심을 무감각하게 만들 수 있다. 합리화로 고소하는 강도를 무디게 할 수 있다.

또 같은 죄를 반복해서 짓다 보면 양심의 소리를 죽일 수 있다. 바울이 로마서 1장에서 묘사한 타락으로 빠져들 수 있다. 자기도 계속해서 죄를 지을 뿐 아니라 다른 사람에게도 함께하자고 권하는 타락이다.

"그들이 이같은 일을 행하는 자는 사형에 해당한다고 하나님께서 정하심을 알고도 자기들만 행할 뿐 아니라 또한 그런 일을 행하는 자들을 옳다 하느니라"(롬 1:32).

최근에 나는 필 도나휴 쇼를 시청했다. 포르노 영화에 출연한 남녀 배우들과 대담하는 내용이었다. 그 배우들은 자기들은 아무런 죄책감도 느끼지 않고, 급진적인 성폭력에 가담하거나 어린이 성 학대에 참여하기를 거부하기 때문에 높은 기준을 갖고 있다고 주장했다. 하지만 내가 볼 때 그들은 폭력과 어린이 학대에는 반대하지만 다른 분야에서는 기능이 약한 양심을 갖고 있었다.

그 포르노 배우들은 자기들보다 더욱 사악한 성행위를 회피한다는 사실에 호소함으로써 자신들의 행동을 정당화했다. 그들의 주장은 더할 나위 없는 자기기만이었다. 그것을 가리켜 스스로 '악한 선'(evil good)이라고 했다. 그들은 악한 것과 더 악한 것에 대한 구분을 이용했다. 자기들의 행위는 더 악하지 않기 때문에 악한 선이라는 것이다. 이렇게 되면 그들의 악이 상대화되고, 그들의 양심은 그들을 변명할 수 있게 된다.

이러한 논리는 외설영화보다 우리의 실제 삶 속에서 더 많이 볼 수 있다. 내 악보다 더 나쁜 악을 지적하는 동안에는 덕과 악에 대한 뒤틀린 가치관으로 자신을 달래는 셈이다.

양심이 경건하게 작용하려면 경건한 신념의 영향을 받아야 한다. 경건한 양심을 가지려면 옳고 그른 것에 대한 의식이 예리해져야 한다. 이것은 정신이 포함되는 일이다. 또한 교리의 문제다.

교리는 하나님의 말씀에서 비롯되며, 말씀은 우리의 의식에 도달한다. 우리의 이해를 위한 것이다. 즉 말씀은 팔꿈치가 아닌 정신에 영향을 미친다.

더불어 말씀은 성령의 책이다. 성령께서 성경을 영감하신다. 성령은 진리의 계시자이다. 그러나 성령의 역사는 성경을 영감하는 것으로 끝나지 않는다. 성령께서는 말씀을 조명하시며 그 말씀을 우리에게 적용하신다.

"오직 하나님이 성령으로 이것을 우리에게 보이셨으니 성령은 모든 것 곧 하나님의 깊은 것까지도 통달하시느니라 사람의 일을 사람의 속에 있는 영 외에 누가 알리요 이와 같이 하나님의 일도 하나님의 영 외에는 아무도 알지 못하느니라"(고전 2:10-11).

풀러 신학교의 학장 데이비드 허버드 박사가 이 본문에 대해 말하는 것을 들은 적이 있다. 허버드 박사는 성령께서 하나님의 깊은 것을 통달(searching, 추구-NIV)하신다는 말씀의 의미를 설명했다. 인간은 자기가 갖고 있지 않거나 모르는 것들을 추구한다. 그러나 성령께서는 성삼위 하나님의 한 분으로서, 하나님의 진리를 몰라서 그것을 필사적으로 찾으시는 것이 아니다. 성령님은 하나님이시다. 아버지가 아시는 것을 성령께서도 이미 알고 계신다. 그것을 추구할 필요가 없다.

오히려 본문은 성령께서 우리를 조명(illumination)하시는 사역을 가리킨다. 그것은 마치 성령께서 하나님의 말씀에 서치라이트를 비추사, 이미 거기에 있는 것을 우리가 볼 수 있도록 하시는 것과 같다. 즉 성령님은 깨달으려고 하는 우리를 지원해주신다.

성령께서는 우리를 교훈하고 확신케 하시려고 보내심을 받았다. 강한 영향을 미치는 지식, 곧 확신을 우리에게 주신다. 예수님은 이런 목적으로 성령을 보내시겠다고 약속하셨다.

"그러나 내가 너희에게 실상을 말하노니 내가 떠나가는 것이 너희에게 유익이라 내가 떠나가지 아니하면 보혜사가 너희에게로 오시지 아니할 것이요 가면 내가 그를 너희에게로 보내리니 그가 와서 죄에 대하여, 의에 대하여, 심판에 대하여 세상을 책망하시리라"(요 16:7-8).

변화한 의식에서 변화된 신념으로, 그리고 변화된 양심으로 전진하는 일을 성령께서 인도해주신다. 성령은 말씀으로 일하신다. 말씀을 거스르거나 말씀 없이 일하시지 않는다. 말씀과 성령은 동행한다. 교리와 삶도 동행한다. 의지와 정신도 동행한다. 그것을 구분하는 것은 우리 안에서 이루어지는 성화를 좌절시키고 성령을 슬프시게 하는 것이다. 또한 하나님을 기쁘시게 하는 총체적이고 헌신적인 삶을 살지 않겠다는 것과 마찬가지다.

15. 포기하지 말라

R. C. 스프로울

윈스턴 처칠이 옛날에 자기가 다녔던 이튼 학교로 돌아갔다. 학생들은 이튼 학교가 배출한 가장 유명한 선배의 연설을 듣기 위해 모였다. 그는 입담이 뛰어났다. 견줄 사람이 없을 만큼 영어의 달인이었고 재담의 귀재였다. 물론 의회에서 많은 사람이 총만 들지 않았을 뿐 처칠에게 숱한 도전을 해왔다. 그러나 멋모르고 그를 만찬에 초대해 골려주려던 사람들은 오히려 처칠에게 호되게 당했다. 심지어 극작가 조지 버나드 쇼조차 그를 골려주려고 온갖 꾀를 동원했다. 쇼는 자신의 연극 개막을 앞두고 처칠에게 심술궂은 내용의 초대장을 보냈다. '수상 귀하, 제 새 연극의 개막 공연 티켓을 두 장 보내드립니다. 하나는 귀하의 것이고 다른 하나는 친구의 것입니다. 혹시 친구가 있다면……'

그러자 처칠은 즉각 답장을 보냈다. '쇼 귀하, 귀하가 보내주신 초대장과 새 연극 티켓이라는 후한 선물을 감사히 받았습니다. 유감스럽게도 저는 일정이 바빠 개막 공연을 관람할 수 없습니다. 하지만 둘째 날에는 기꺼이 관람하겠습니다. 혹시 공연이 둘째 날까지 간다면……'

이튼 학교로 돌아올 당시 영국의 모든 학생이 연설가로서의 처칠의 명성을 잘 알고 있었다. 그런 위인으로부터 명연설을 듣게 된 순간이 다가온 것이다. 처칠이 연단에 오르자 학생들은 찬물을 끼얹은 듯 조용했다. 처칠은 연단 끝을 붙잡고 불도그처럼 사나운 얼굴을 쑥 내밀고 "결코, 결코, 결코…… 포기하지 마십시오."라고 말한 뒤 자리에 돌아가 앉았다.

그 한마디가 온 청중을 전율시켰다. 그 젊은이들이 위기 순간을 맞이할 때, 싸울 것인가 도망칠 것인가를 결정해야 할 두려운 순간에, 그들의 은밀한 생각에 그 말이 얼마나 많이 떠올랐을까 생각된다.

'절대로 포기하지 말라!' 이것은 성경이 거듭거듭 외치는 메시지다. 우리 구원의 창시자이자 완성자이신 예수님을 생각해보라. 예수님은 시작하신 일을 끝내신다. 예수님은 잠시도 마귀와 접전을 벌이시지 않았다. 전투에서 그 원수를 끝까지 옥에 감금해두셨다.

예수님의 말씀 중에서도 대단히 중요한 것은 십자가에서 하신 말씀이다. 그 참혹한 상황에서 죽음의 마지막 고통을 당하실 때 예수님은 마지막 숨을 헐떡이시면서 "다 이루었다"고 말씀하셨다. 이 말씀을 하신 것은 생명을 마치실 때, 곧 모든 임무를 완수하셨을 때다. 그 이전도 이후도 아니었다. 그분은 자신의 임무를 다 이루셨다.

예수님은 "손에 쟁기를 잡고 뒤를 돌아보는 자는 하나님의 나라에 합당하지 아니하니라"(눅 9:62)고 하셨다. 예수님은 시선을 앞에 고정시키셨고, 예루살렘을 향해 얼굴을 드셨다. 롯의 아내는 뒤를 돌아보다가 소금 기둥이 되었지만, 예수님은 앞을 바라보셨고 마침내 세상의 구속을 성취하셨다.

바울은 이에 대해 다음과 같이 말한다. "나는 아직 내가 잡은 줄로 여기지 아니하고 오직 한 일 즉 뒤에 있는 것은 잊어버리고 앞에 있는 것을 잡으려고 푯대를 향하여 그리스도 예수 안에서 하나님이 위에서 부르신 부름의 상을 위하여 달려가노라"(빌 3:13-14).

우리는 높은 부르심의 푯대를 향해 전진하라는 부르심을 받는다. 전진하려면 전력을 기울여야 한다. 좇아가야 한다. 사도는 우리에게 노력하라고 한다. 의를 추구하는 건 쉬운 일이 아니다. 편안하게 앉아서 성화를 이룰 방법은 없다. 결단이 중요하고 노력이 필요하다.

수동적인 동시에 적극적으로

성화 교리에 대해서는 큰 곡해들이 있는데, 그중 하나는 경건주의 신조에서 찾아볼 수 있다. 전통적으로 경건주의는 하나님의 활동과 인간의 무활동을 강조하는 일종의 영적 수동성을 언급했다.

경건주의의 유명한 구호는 "손을 놓고 하나님이 하시도록!"이다. 우리의 영적 진보가 단지 우리의 노력만으로는 성취될 수 없다는 것을 상기시킬 의도라면 이 구호는 가치가 있다. 하나님의 은혜에 의존하지 않고 꾀하는 자기개혁은 헛되다. 그러나 하나님의 은혜에 의존하는 더 좋은 방법이 있다. "손을 놓고 하나님께!"가 아닌 "인내하며 하나님을 의지하자."라고 해야 한다.

성화에는 행위가 필요하다. 사도는 그리스도인들에게 행함이 있는 삶을 권했다.

"두렵고 떨림으로 너희 구원을 이루라 너희 안에서 행하시는 이는 하나님이시니 자기의 기쁘신 뜻을 위하여 너희에게 소원을 두고 행하게 하시나니"(빌 2:12-13).

성화는 협력적이다. 즉 두 동반자가 이루어가는 일이다. 내가 반드시 일해야 한다. 그러면 하나님께서도 일하실 것이다. 성경과 무관한 금언인 '하늘은 스스로 돕는 자를 돕는다'는 말이 조금이라도 사실이라면 바로 이런 경우다. 하나님은 우리에게 뒷짐 지고 앉아서 모든 일을 하나님께 다 맡기라고 하시지 않는다. 매우 열심히 일하라고 하신다. 어떤 일을 두렵고 떨림으로 이룬다는 것은 경건하고 성실하게 일하는 것이며, 마지막 결과에 깊은 관심을 가지고 일하는 것이다.

소년 시절에 뜰에서 일한 적이 있다. 우리 집 뜰뿐 아니라 이웃집 뜰에서도 일을 했다. 그때 일하는 태도가 각기 달랐던 것이 선명하게 기억난다. 집에서 일할 때는 어서 빨리 끝내고 나가서 노는 데만 관심이 있었다. 나무 둘레와 길가의 잔디는 형식적이거나 아예 손을 대지 않았다.

하지만 이웃집 뜰에서 일할 때는 사뭇 달랐다. 그곳에서는 일한 값을 받았고, 내가 하는 일이 평가를 받았다. 나는 열심히 일했다. 우리 집 뜰을 정리할 때보다 더욱 꼼꼼히 신경을 썼다. 내 노력에 대한 두려움과 떨림이 있었다.

성년이 되어서도 여전히 뜰을 정리하는 일을 했다. 세세한 내 관심은 더욱 깊어졌다. 이제는 주인의식을 경험했다. 내가 일하는 곳은 내 잔디였다. 나무 둘레의 잔디를 깎는다고 해서 누가 돈을 주지 않았다. 누군가 어깨 너머로 나를 지켜보며 일을 평가하지도 않았다. 그러나 그건 내 잔디였다. 그것이 근사하게 보이도록 만들고 싶었다. 결과에 관심을 기울였다(여전히 나가 놀기 위해 서두르기는 하지만!).

아들에게 도움을 청한 뒤 그 모습을 지켜보면 곧 실망하게 된다. 가만히 지켜보니 아들은 나무 둘레의 잔디를 대충 손대고 지나갔다. 잔디 깎는 기계를 몰고 뛰어다녔다. 휙휙 지나다니다가 일을 끝냈다. 두려움의 기색이 보이지 않았다. 떨지도 않았다. 빨리 일을 마치고 농구 시합을 하러 가야 한다는 생각만 머리에 가득했다. '저 녀석은 우리 잔디에 애정이 없나?' 하는 생각이 들었다. 그러나 곧 나는 아버지의 죄가 3대까지 내려가는 것을 발견했다. 아버지를 꼭 빼닮은 것이 아니라 아버지 자체였다. '그가 자신의 잔디를 갖게 되면 나무 주변까지 정리할까?' 하는 생각이 들었다. 누구나 그렇듯 그도 마지막 결과를 중요하게 여긴다면 전력을 기울이지 않을까 생각했다.

하나님을 기쁘시게 하기 위해 산다면 우리 노력이 대단히 중요하다는 사실을 항상 잊어서는 안 된다. 우리의 구원은 우리가 거듭나는 것으로 끝나지 않는다. 물론 거듭남은 성령께서 친히 하시는 사역이다. 그것은 신인협력적인 사역이 아니라 신단동적(神單動的, monergistic) 사역이다. 성령께서 내 영혼을 소생시키시는 고유한 일을 하실 때 나는 잠잠히 수동적인 자세로 있다. 그러나 그 후로는 일이 시작된다. 나는 내 구원을 이루어가야 하고, 표적을 향해 좇아야 한다. 성령께서 항상 우리를 도우시지만 우리는 우리의 구원을 이루어야 한다.

하나님 나라를 침노하는 사람들

예수님은 수 세기 동안 성경을 읽는 자들을 어리둥절하게 할 말씀을 하셨다.

"세례요한의 때부터 지금까지 천국은 침노를 당하나니 침노하는 자는 빼앗느니라"(마 11:12).

무슨 뜻으로 이 말씀을 하셨을까? 어떻게 천국이 침노를 당할까? 얼핏 보면 사람들이 무력으로 천국문을 탈취하고 안으로 들어갈 수 있다는 뜻 같다. 불한당들도 군대의 힘으로 천국을 함락시킬 수 있다는 것처럼 보인다. 그러나 이런 해석은 성경이 하나님 나라에 대해 가르치는 모든 내용을 훼손한다. 하나님은 불한당들이 자신의 어전으로 침입해 들어오는 것을 못 막으실 정도로 무력하시지 않다. 그 누구도 순전히 자기 노력으로 아버지께 갈 수 없다. 하나님의 요새는 도둑과 강도가 함부로 들어갈 만큼 취약하지 않다. 이교도들은 하늘의 예루살렘을 포위할 수는 있어도 시온을 굴복시킬 수는 없다.

예수님의 그 말씀에 대해서는 조나단 에드워즈의 해석이 옳다고 생각한다. 그는 이 구절을 새신자들이 하나님 나라를 추구할 때 나타내는 열정을 가리킨 말씀으로 해석한다. 이것은 성령께 일깨움을 받은 사람들이 천국을 향해 가는 열정을 묘사한다. 세례요한이 하나님 나라가 가까이 왔다고 선언하면서 이스라엘에 대각성이 일어났다. 많은 사람이 요한의 예비적 세례를 받기 위해 요단강으로 몰려들었다.

그러한 세례요한의 선언을 예수님은 한 단계 더 진척시키셨다. 요한은 "천국이 가까이 왔느니라"(마 3:2)고 선포한 반면, 예수님은 그 나라가 임했다고 선포하셨다(눅 17:21). 예수님이 오시면서 그 나라의 왕이 도래하셨다. 그리고 이 일은 전국적으로 유례없는 회개운동을 일으켰다. 각성한 사람들은 달려가 그리스도를 영접했다. 회개한 죄인은 자기 왕을 영접하기 위해 백방으로 손을 썼다. 새로 각성한 사람들의 열의와 열심은 강력하다. 그것은 물리적 무기를 사용한다는 뜻의 침노가 아니라 절박함과 강렬함이란 뜻의 침노다(NIV는 "침노하는 자는 빼앗느니라"라고 번역하지 않고 "강한 사람들이 빼앗느니라"라고 번역한다. 이것이 좀 더 정확한 번역인 듯하다).

이 절박함과 강렬함은 하나님 나라로 침입할 것을 요구한다. 그것은 눈을 목표에 고정시킨 채 쏟는 단호한 노력을 뜻한다. 사실 예수님의 이 말씀에는 전쟁에서 끌어온 유추가 있다. 성벽이 무너지면 포위하고 있던 군인들은 주저하지 않고 안으로 들어간다. 피로하거나 지쳤다고 해서 승리의 순간에 주저앉을 군인은 없다.

이와 같이 하나님 나라에 침입한 사람들은 전쟁이 끝날 때까지 입대 서명을 한다. 뒷짐 지고 있는 사치스런 행동은 허용되지 않는다. 성화로부터 은퇴할 수 없다. 하나님 나라에는 연금이 없고, 다만 끝까지 견디라는 명령을 받는다. 우리 자신을 하나님께 드리는 것은 평생 섬기겠다고 하는 것이다. 따라서 '전임 사역'은 목사와 선교사들에게만 해당되는 것이 아니라 모든 그리스도인에게 해당된다.

히브리서 저자는 그리스도인의 삶을 전쟁, 심지어 죽을 수 있는 전쟁으로 묘사한다. "이러므로 우리에게 구름같이 둘러싼 허다한 증인들이 있으니 모든 무거운 것과 얽매이기 쉬운 죄를 벗어 버리고 인내로써 우리 앞에 당한 경주를 하며 믿음의 주요 또 온전하게 하시는 이인 예수를 바라보자…… 너희가 죄와 싸우되 아직 피 흘리기까지는 대항하지 아니하고"(히 12:1-2, 4).

우리를 포위하고 있는 죄들을 이겨내려 할 때 우리는 쉽게 좌절하고 쉽게 패배한다. 엎친 데 덮치는 일을 당한다. 피 흘리기까지 싸우기 전에 굴복한다.

하지만 거듭되는 실패는 확신을 불러일으키는 데 아무런 역할도 하지 못한다. 때문에 뒤에 있는 것들을 잊어버리라고 하시는 것이다. 과거의 실패를 잊어야 한다. 패배감에 사로잡히면 안 된다. 푯대를 향하여 좇아야 한다. 절대로, 절대로, 절대로 포기해서는 안 된다.

우리의 푯대는 하찮은 게 아니다. 쟁취할 만한 가치가 있다. 두려워하고 떨 만한 가치가 있다. 그리스도의 고결한 부르심이다. 참으로 그것은 가장 고결한 부르심이다. 골프 토너먼트에서 우승하는 것보다 더욱 노력할 만한 가치가 있다. 나무 주변의 잔디를 정리하는 것보다 훨씬 더 중요하다. 그것은 예수님의 명령이다. 피를 흘리고 땀을 흘리고 눈물을 흘릴 만한 가치가 있다.

이에 대한 히브리서 기자의 권고는 생생하다.

"또 아들들에게 권하는 것같이 너희에게 권면하신 말씀도 잊었도다 일렀으되 내 아들아 주의 징계하심을 경히 여기지 말며 그에게 꾸지람을 받을 때에 낙심하지 말라 주께서 그 사랑하시는 자를 징계하시고 그가 받아들이시는 아들마다 채찍질하심이라"(히 12:5-6).

히브리서는 우리가 사생아가 아님을 분명히 말한다. 우리는 아들이다. 우리 아버지께서 우리를 징계하시는 이유는 우리를 사랑하시기 때문이다. 때로는 하나님의 손길이 견디기 힘들 만큼 무겁다. 그것은 하나님이 우리를 중압적인 방법으로 대하시지 않음을 뜻한다. 그러나 하나님의 징계의 손은 우리를 쉽게 엄몰한다. 그 연단은 가혹해 보인다. 우리는 손을 떨구고 무릎이 약해진다. 하나님의 징계를 당하면서 무릎이 약해지지 않을 사람이 어디 있겠는가!

그러나 하나님의 징계는 우리를 멸하시려는 게 아니라 고치시려는데 목적이 있다. 징계는 한동안 고통스럽다. 무릎이 편치 않다. 그러나 아버지가 징계하시는 목적은 연단이다. 연단은 우리 모두가 추구하는 열매, 즉 의의 평강한 열매를 맺는다.

그 열매는 노력해서 얻을 만한 가치가 있다. 투쟁해서 얻을 만한 가치가 있다. 우리가 견디는 징계는 그 뒤에 기다리고 있는 열매와 감히 견줄 수 없다.

다시 히브리서의 말씀을 살펴보자.

"너희는 만질 수 있고 불이 붙는 산과 침침함과 흑암과 폭풍과 나팔 소리와 말하는 소리가 있는 곳에 이른 것이 아니라 그 소리를 듣는 자들은 더 말씀하지 아니하시기를 구하였으니 이는 짐승이라도 그 산에 들어가면 돌로 침을 당하리라 하신 명령을 그들이 견디지 못함이라 그 보이는 바가 이렇듯 무섭기로 모세도 이르되 내가 심히 두렵고 떨린다 하였느니라"(히 12:18-21).

우리는 이런 경험을 하지 않았다. 불붙는 산, 폭풍, 검은 구름, 나팔 소리와 천둥 같은 소리, 이것은 이스라엘 자손이 시내산에서 체험한 것이며, 두려운 순간이었다. 백성들은 두려움을 못 이겨 경감을 간청했다. 모세조차 심히 두려워 떨었다. 히브리서 기자가 그 두려웠던 옛 순간을 언급하는 이유는 그와 대조적인 다른 상황을 말하기 위함이다.

"그러나 너희가 이른 곳은 시온산과 살아계신 하나님의 도성인 하늘의 예루살렘과 천만 천사와 하늘에 기록된 장자들의 모임과 교회와 만민의 심판자이신 하나님과 및 온전하게 된 의인의 영들과 새 언약의 중보자이신 예수와 및 아벨의 피보다 더 나은 것을 말하는 뿌린 피니라"(히 12:22-24).

우리는 새 이스라엘이다. 우리의 출애굽은 실제 애굽에서 나온 사건보다 무한히 위대하다. 우리의 중보자께서 모세 곁에 서시면 모세는 난쟁이에 불과하다. 우리의 산은 시내산이 아니라 영원한 시온산이다. 우리는 하늘에 들어간다. 허다한 천사들과 합류한다. 모든 성도와 사귐을 나눈다. 과거에 드려졌던 어떤 제물의 피보다 더 중요한 그리스도의 피가 우리 위에 뿌려진다.

우리가 인내하는 것은 이 영원한 본향에 가기 위해서다. 그런 모험을 누가 중단시킬 수 있겠는가! 그런 목적지를 두고 누가 넘어진 곳에서 다시 일어나지 않겠는가!

이 문제에 대한 결론이 여기에 있다.

"그러므로 우리가 흔들리지 않는 나라를 받았은즉 은혜를 받자 이로 말미암아 경건함과 두려움으로 하나님을 기쁘시게 섬길지니 우리 하나님은 소멸하는 불이심이라"(히 12:28-29).

우리가 사는 것은 이 소멸하는 불을 위해서다. 우리가 기쁘시게 하려는 분이 바로 그분이다. 우리가 거듭 실패한 뒤에도 다시 일어서는 것은 그분을 위해서다. 그분이 바로 우리의 운명이다.

사명선언문

너희가 흠이 없고 순전하여……세상에서 그들 가운데 빛들로
나타내며 생명의 말씀을 밝혀 _ 빌 2:15-16

1. 생명을 담겠습니다
만드는 책에 주님 주신 생명을 담겠습니다.
그 책으로 복음을 선포하겠습니다.

2. 말씀을 밝히겠습니다
생명의 근본은 말씀입니다.
말씀을 밝혀 성도와 교회의 성장을 돕겠습니다.

3. 빛이 되겠습니다
시대와 영혼의 어두움을 밝혀 주님 앞으로 이끄는
빛이 되는 책을 만들겠습니다.

4. 순전히 행하겠습니다
책을 만들고 전하는 일과 경영하는 일에 부끄러움이 없는
정직함으로 행하겠습니다.

5. 끝까지 전파하겠습니다
모든 사람에게, 땅 끝까지, 주님 오시는 그날까지
복음을 전하는 사명을 다하겠습니다.

서점 안내

광화문점 서울시 종로구 새문안로 69 구세군회관 1층
02)737-2288 / 02)737-4623(F)

강남점 서울시 서초구 신반포로 177 반포쇼핑타운 3동 2층
02)595-1211 / 02)595-3549(F)

구로점 서울시 동작구 시흥대로 602, 3층 302호
02)858-8744 / 02)838-0653(F)

노원점 서울시 노원구 동일로 1366 삼봉빌딩 지하 1층
02)938-7979 / 02)3391-6169(F)

일산점 경기도 고양시 일산서구 중앙로 1391 레이크타운 지하 1층
031)916-8787 / 031)916-8788(F)

의정부점 경기도 의정부시 청사로47번길 12 성산타워 3층
031)845-0600 / 031)852-6930(F)

인터넷서점 www.lifebook.co.kr